DE PRIN
STATE
ADUNATE

ESEURI
ȘI
INTERVIURI

Viorel Vintilă

Viorel Vintilă
De prin State adunate
COPYRIGHT 2012 © REFLECTION PUBLISHING LLC

Reflection Publishing
P.O.Box 2182
Citrus Heights, California 95621
email: info@reflectionbooks.com

www.reflectionbooks.com

ISBN: 978-1-936629-14-5

Tipărit in S.U.A.

Cuvânt înainte

Dragii mei cititori, vă mulţumesc pentru că vă aplecaţi privirea asupra celei de-a doua cărţi scrisă de mine. Succesul primei cărţi, Românaş la San Francisco (şi aici nu aş vrea să fiu acuzat de falsă modestie, dar feedback-ul pe care l-am primit de la cititori mă obligă sa fac această afirmaţie) m-a motivat şi mi-a dat un imbold puternic. Astfel, pasiunea de a scrie m-a înghiontit stăruitor către exprimarea liberă a celor mai profunde gânduri, a reflecţiilor şi opiniilor mele în acest nou volum – De prin State adunate.

Este o carte scrisă din suflet, cu pasiune, cu o autentică sinceritate si naturaleţe, o carte pentru toţi românii din diasporă, dar şi pentru cei din ţară, iar faptul că citiţi aceste rânduri mă onorează şi îmi dă o mare satisfacţie. În acest volum veţi putea citi interviuri recente realizate cu ocazia vizitei mele in ţară, în toamna anului trecut, cu artişti consacraţi şi oameni de cultură din Romania, dar şi cu personalitaţi şi artişti români aflaţi în vizită în State. De asemenea, veţi putea citi povestioare despre viaţa mea din State, opinii despre evenimentele din România, dar si reflecţii, gânduri şi analize despre sentimente ori trasături de caracter.

Sunt plecat de mai bine de 15 ani din România, însă am păstrat (şi-l voi păstra si pe viitor) cordonul ombilical cu ţara mumă; inima mea iubeşte şi va iubi România, în timp ce mintea mea iubeşte şi America, ţara care m-a adoptat, pe care o admir şi o respect. În speranţa că acest volum va fi o lectură agreabilă, vă doresc să fiţi iubiţi şi fericiţi.

Cu dragoste şi prietenie,

Viorel Vintilă

3

MADE IN USA

Zborul către America

"Plecat-am nouă din Vaslui,
Și cu sergentul, zece,
Și nu-i era, zău, nimănui
În piept inima rece. "

Dacă ar fi să-l parafrazez pe Vasile Alecsandri, în poezia sa, Peneș Curcanul, aș putea zice așa:

Plecat-am șase din Brașov (însă nu aveam sergent) și într-adevăr nu ne erau deloc, în piept inimile reci, ba dimpotrivă, inimile noastre fierbeau de entuziasm și vibrau de bucurie, deoarece peste numai 30 de ore urma să pășim pe "pământul făgăduinței" - USA!

Era în noiembrie 1995, într-o dimineață cu o ploaie mocănească, când împreună cu alți cinci brașoveni părăseam Brașovul, înghesuiți într-o dubița obosită care ne căra până la aeroport. Pe drumul către București, ne întreceam în bancuri, poante, snoave și ghidușii, bucuroși nevoie mare că plecam în căutarea El Dorado-ului și cu speranța că o viață mai bună ne va miji dincolo de Ocean.

Eram șase flăcăi tinerei, simpatici și hotărâți care nu știam însă, ce ne așteptă dincolo de „baltă", dar care eram hotărâți să luăm taurul de coarne și să dăm cu el de pământ.

Dați-mi voie, dragi cititori, să vă prezint lotul brașovean, care în data de 3 noiembrie 1995 spunea *good bye* Brașovului, prietenilor și familiei, și se grăbea să spună *Hello*, Americii.

Alex P - zis Inginerul. Inginerul va deveni cel mai bun prieten al meu, și se află acum, ca și mine, în California. De ce "Inginerul"? Motivul era simplu: Alex era absolvent de facultate, secția TCM.

Vali M - zis „Baronul". De ce „Baronul"? Pentru că Vali avea un aer mai aristocratic și pentru că era și cel mai înstărit dintre noi (lucrase în Germania vreo 3 ani și era patronul unui bar din Brașov). Vali avea două valize mari în care avea numai țoale de firmă, adusese cu el în cantități industriale, toata garderoba de apartament, de ne putea îmbrăca pe toți. Noi, ceilalți cinci, toți, dar absolut toți, aveam doar câte o geantă de voiaj, de bașcă, în care aveam doar strictul necesar. Când era câte un *crew party* pe vas, toți ne aliniam la cabina lui Vali să ne dea câte un tricou bengos, sau un pantalon fain, ori o cămașă de firmă, cu care să ne etalăm la party și să ne dăm ciumegi. Tot Vali era cel care definise USA, ca fiind "Țara lui Bine". Avea o vorba: "După ce ajungem în Țara lui Bine, stăm pe barcă pe termenul unui contract, după care ne „vărsăm" la sol și rămânem într-un „cantonament" permanent în Țara lui Bine". Ăsta era... Baronul.

Vio C - zis „Titratul". Titratul era singurul dintre noi care avea studii de specialitate în domeniul ospătăriei. El mai lucrase ca ospătar mulți ani în Poiană Brașov și avea deja în palmares un contract de ospătar pe un vas de croazieră în Europa. Din păcate, în timpul contractului, soția sa cu care venise împreună, se cuplase cu un ofițer italian și la venirea în țara a și divorțat de Vio C. Titratul încă mai era afectat de acest nefericit eveniment, dar era hotărât să treacă peste și să o ia de

la capăt. Era un meseriaş în ale ospătăriei şi toţi îi ceream
păreri şi sfaturi care ne prindeau foarte bine. Niciunul dintre
noi nu mai avusese tangenţă cu ospătăria. Singura hibă a lui
Titratu era că nu prea „evolua" în parametrii nominali la
limba lui Shakespeare. Pentru el timpurile prezent, trecut şi
viitor erau toate... la prezent: *"I go now. I go yesterday. I go
tomorrow. I eat today. I eat yesterday"*... să dau doar câteva
exemple la întâmplare. Ne şi distram pe seama lui, dar totul la
modul colegial. Important era că nu încurca comenzile şi ştia
să spună *thank you*, când primea *tips* de la clienţi.

Cătălin D - zis Aţă. De ce Aţă? Pentru că era aţos, adică era ca
o aţă, adică foarte slab. Cred că avea 50 de kg cu noptieră cu
tot. Aţă era un tip foare politicos şi foarte manierat. Parcă el ar
fi fost co-autor la "Codul bunelor maniere". Aţă era căsătorit,
soţia să fiind *cabin-steward* la o altă companie de croaziera.

Petrişor R - zis Hussein, datorită asemănării izbitoare cu,
acum defunctul, Saddam Hussein. Hussein fusese asistent
medical în ţară şi scopul lui declarat de când am păşit pe solul
Americii a fost să se "verse" cât mai repede pe sol. Fapt care s-
a şi întâmplat, el fiind primul care a rămas în America, la doar
câteva luni de contract. Hussein în fiecare port îşi cumpăra
hărţi cu oraşele din USA, pentru a-şi face o idee cam pe unde
s-ar pripăşi şi cum are ajunge acolo. Ţin minte că vizitam în
grup organizat, împreună cu trainerul nostru, un muzeu care
aparţinea de NASA, în Cape Canaveral (de acolo se lansează
şi navetele spaţiale) şi, ca de obicei, Hussein făcea
cumpărături: hărţi cu oraşele din State, vreo 10 bucăţi!

Trainerul l-a întrebat ce nevoie are de atâtea hărţi, întrebare la
care Hussein a dat un răspuns care ne-a lăsat mască pe toţi:

7

"Îmi place mult geografia şi vreau să particip la concursuri de cultură generală când mă întorc în România şi de aceea vreau să mă cultiv". Noi, care ştiam de ce cumpără Hussein hărţi, ne-am întors cu spatele şi râdeam în gând...

Şi, ultimul pe lista, cu voia dumneavoastră, eu, Viorel Vintilă zis Creangă. De ce Creangă? De la Ion Creangă. Seara când ne mai adunam la o bere şi la o bârfă, mă mai apuca melancolia şi dorul de casă şi îl citam pe Ion Creangă spunând: "Nu ştiu alţii cum sunt, dar eu când mă gândesc la locul naşterii mele, la casa părintească din Braşov..." şi în urma acestei vorbe pe care o repetam când ne adunam la un pahar de vorbă, colegul meu de cabină (fost fotbalist în divizia A la F. C. Braşov, Jean Anghel) mi-a zis Creangă.

Aşadar, acesta este lotul complet: Titratul, Inginerul, Baronul, Aţă, Hussein şi Creangă. Şase braşoveni, şase tineri, şase destine care împărtăşeau un ţel comun: o viaţă mai bună în America!

Totul a fost *smooth sailing*, mai precis, *smooth flying*, până la Londra. În Londra urma să fim cazaţi până a doua zi dimineaţa, la hotelul din aeroport, de unde urma să luăm avionul către Miami, nu înainte de fi opriţi pentru circa două ore de către oficialităţile de la imigrări. Hussein, care datorită înfăţişării sale de arab, fusese supus unei percheziţii suplimentare şi izolat într-o cameră unde fusese interogat pentru mai bine de două ore. În acest timp noi aşteptam nervoşi şi speriaţi, deoarece Hussein avea în bagajul lui contractele noastre de muncă. Am răsuflat uşuraţi când l-au lăsat să treacă... aşa i s-a născut şi *nickname*-ul când ne-a povestit apoi, că cică, ăia îl tot întrebau dacă are rude la arabi, unul dintre ofiterii de la imigrări a făcut o remarcă că ar semăna cu Saddam Hussein.

A doua zi dimineață ne trezim, servim *breakfastul* și ne pregătim să ne îmbarcăm în avionul care ne ducea la Miami. *Miami, here we come!* Nu înainte de a avea încă o surpriză la check-in.

Când eu și „Inginerul" prezentăm biletele să ne dea *boarding pass*-ul cu locurile de rigoare, tipa de la ghișeu ne spune pe un ton nedumerit că: „*Sorry guys, but there are no seats left at the economy class*". Mă uit la Alex, Alex se uită la mine, și nu știam ce să credem. Doar nu ne-o da locuri în picioare ca în autobuz. Sau nu ne-o pune să mai stăm o zi în Londra și să luăm cursa de mâine. Așteptăm cuminți lângă ghișeu, în timp ce tipa bătea din taste la computer, și într-un final, după vreo 5 minute de așteptare vedem cum fața tipei se luminează și ne zice: "*Good news. I have two seats left at the business class.*" Wow! Ce baftă dăduse peste noi, să trecem balta la business class!

Ne-am instalat comod pe locurile de business class, în timp ce ceilalți colegi erau undeva în spatele avionului, la secția de fumători. Da, încă se mai fuma în acea perioadă în avioane. Când simțeam nevoia să fumăm, eu și Alex ne duceam în spate unde făceam schimb cu doi colegi, pe care îi trimiteam să stea ca lorzii la business class, în timp ce noi trăgeam din mahoarca națională, Carpați!

Când terminam țigarea, ne duceam înapoi să ne reluăm locurile de belferi și cu greu îi mai dezlipeam pe colegii care îi lăsasem să stea în locurile noastre. Până la urmă nu aveau încotro și se reîntorceau pe locurile lor de la economy class, iar noi doi – Alex and moi – ne reluam locurile de „Boier

9

Bibescu" la business class. Pentru toți, era primul nostru zbor cu avionul... trebuia neapărat să luam o piatră-n gură la debarcare...

După 10 ore de zbor pe ruta Londra - Miami și peste 30 de ore de când părăsisem Brașovul, aterizam, în sfârșit, pe aeroportul din Miami, în "Țara lui Bine".

Navigând prin tunelurile și covoarele rulante din aeroport ne uitam în jur și evaluam „poporul", ce se poartă, cum sunt îmbrăcați... majoritatea erau în pantaloni scurți de tip pijama și șăpcălii leniniste, model american, folosite în baseball.

Odată ajunși la ușile automate care ne dădeau undă verde de a păși, în sfârșit pe pe tărâmul american, am fost loviți de căldura și umiditatea specifică statului Florida.

O femeie balșoaie, de stil sovietic, direcționa traficul și domnul inginer nu s-a putut abține fără să remarce că: „băi, aici toate sunt la scară mărită... și mașinile și drumurile și femeile". Odată ieșiți pe ușa culisantă, ne-am dezechipat la tricouri, renunțând la gecile groase cu care ne echipasem la plecarea din Brașov... acum respiram aer de Miami și trebuia ca și ținuta vestimentară să fie în ton cu atmosfera... "floridiana".

Ajunși în Miami ne-am vârât în doua taxiuri galbene cu destinația Hotel Howard & Johnson, unde pentru 3 zile am făcut "santinelă" în jurul piscinei din dotare, alături de regina berii americane - Budweiser! Într-una din zile am reușit să ne răsfățăm cu adevărat când am ajuns și pe superba plajă de la Miami South Beach și am făcut o cură de soare, în același timp clătindu-ne retina cu frumusețile naturii (*ladies în bikini*), care, și ele la rândul lor, beneficiau din plin de grațiile mamei natură, care le bronza corpurile venusiene.

După trei zile în care am visat frumos, am fost însă, treziți la realitate! Ne relaxam la piscina din dotarea hotelului, când am fost anunțați să ne echipăm și să fim gata în două ore pentru că eram convocați la sediul Resurselor Umane din Miami, unde ne așteptau biletele de avion cu destinația Cape Canaveral.

Aici urma să ne îmbarcăm pe megaliner-ul Fantasy, care făcea o croazieră de 3 zile, între Miami-Freeport-Bahamas-Miami. Cei de la Resurse Umane din Miami se mișcau însa cam în reluare și doi dintre noi – Inginerul și Baronul - au pierdut avionul cu destinația Orlando și au trebuit să aștepte 3 zile până cînd acesta se reîntorcea în port.

Dar nu le-a picat rau... Baronul, baiat generos, a făcut cinste cu... un Disney World, Orlando fiind orașul care găzduiește faimosul parc de distracții.

S-au cantonat la hotelul *"The seven astronauts hotel"*, din Cocoa Beach, unde au avut șansa extraordinară, și unică, de a viziona, *live*, lansarea unui space-shuttle din Cape Canaveral. Chiar că îmi părea rău că nu pierdusem și eu avionul...

După 3 zile i-am pescuit și pe ei din Cape Canaveral. Noi deja aveam vechime și apucasem să ne familiarizăm puțin cu "barca". Acum, că eram din nou în formație completă, ne doream un singur lucru: vânt bun din pupă! și la propriu, dar și la figurat...

11

My first day în SUA

Se întâmpla prin noiembrie 1995 când, împreună cu alţi cinci braşoveni, părăseam spaţiul mioritic cu destinaţia Miami, USA, în căutarea El Dorado-ului american; pentru noi El Dorado-ul fiind un contract de muncă pe un vas de croazieră.

România încă se trezea din amorţeala comunistă şi timid începea să zâmbească capitalismului şi la propriu şi la figurat... totuşi lumea pe stradă sau în magazine era cam zgârcită la capitolul „smile"...

De cum am ajuns în aeroport, lumea era numai zâmbet şi politeţea ai fi zis, ca a fost inventată în USA. Am luat un taxi şi după 10 minute am ajuns la hotelul Howard & Johnson, unde recepţionera ne-a întâmpinat, bineînţeles, cu un zâmbet larg. Era o tânara cubaneză, simpatică, cu un ten măsliniu şi doi ochi mari şi negri, care ne zâmbea întruna. Bineînţeles, că nici eu nu mă lăsam mai prejos şi, deşi obosit după atâta drum, îi răspundeam cu aceeaşi monedă - un zâmbet pur mioritic...

Fiind înfometaţi după atâta drum, am intrat în restaurantul hotelului să luăm ceva d-ale gurii... Ospătăriţa care ne servea, ne zâmbea politicos în timp ce ne lua comanda. Eu făceam "eye contact" şi zâmbeam, of course, cu nişte ochi galeşi şi mari... credeam, în sinea mea de mic crai carpatin, că zâmbetul ei era de fapt un răspuns la zâmbetul meu de cuceritor.

După ce ne-am ostoit foamea, am hotărât să ne relaxăm puţin la piscina hotelului, iar apoi să dăm o tură prin mall-urile din

Miami. La piscină am luat câteva buds-uri, adică bere Budweiser, și beneficiind din plin de grațiile mamei natură – un soare foarte generos și un cer albastru ca ochii lui Dobrin – ne-am întins pe șezlonguri precum Boier Bibescu și am început să savurăm niște buds-uri de la mama lor. După bălăceala de rigoare, eu am ieșit primul și m-am dus în cameră să execut dușul de rigoare. Ceea ce eu credeam că va fi o simplă formalitate, s-a trans-format într-o experiență oarecum traumatizantă.

Așadar, intru la duș și încerc să dau drumul la apa caldă, dar spre stupoarea mea constat că apa care curgea, era numai rece, eu nereușind să produc *hot water* de nicio culoare. După vreo zece minute de analize minuțioase îmi pierdusem răbdarea de-a binelea... bălăcărindu-i pe americani că se ocupă de asemenea trucuri... pentru a economisi energie! Că deh, mai știam eu niște cazuri... din „experiența" acumulată pe vremea răposatului, când nu funcționa caloriferul decât în zilele cu soț, iar apa calda era o *rara avis*...

Într-un final de exasperare, printr-o manevră norocoasă, reușesc să produc mult așteptata *agua caliente* maiameză! Evrika, cum ar zice badea Arhimede! Descoperisem cum se produce apă caldă la floridieni că... deh... la noi în ROMÂNIA, (demodații de noi!) aveam două robinete, unul roșu și unul albastru, să priceapă „tăt ardeleanu" cum se amestecă apele în scăldătoare... Aici, în schimb, era doar un singur robinet... mai sofisticat cică, pe care io, nu reușisem prea iute să-l fac să înțeleagă că îmi trebuie și apă caldă.

Până la urmă, am tăt stat și cujetat și am reușit să-i găsesc șpilul! Așa că am făcut o baie pe cinste... Acum însă, după ce devenisem un dexter specialist și manevrant de H_2O 30 °C+, îl

13

aşteptam cu nerăbdare pe colegul meu de cameră, Alex, să-şi facă apariția şi să văd cum se descurcă şi el cu tehnica.

Într-un final apare şi mă întreabă dacă am făcut duş că vrea şi el să se îmbăieze... I-am răspuns că... am făcut şi că e foarte mişto... Deja îmi râdeam în barbă, gândindu-mă la ceea ce i se poate întâmpla.

Intră Alex în baie şi aud apa curgând... După vreo cinci minute începe să dea mărunt din buze adresându-mi-se cu o voce de copil bătut:

- Bă frate, dar ăştia apă caldă nu au? E mai rău ca în comunism... păi de asta am emigrat eu în „Țara lu' Bine"... ca să ajung să fac duşuri scoțiene?

- Au, Alex, cum să nu aibă! – zic eu, ținându-mă de burtă de atât râs.

Mai trec încă vreo cinci minute şi Alex al meu începe să înjure cu voce tare:

- Auzi, pe bune, ăştia nu mai au apă caldă! Tu ai avut noroc că ai prins... Cred că şi aici se dă pe rație şi după orar, cum se dădea odată la noi în România. „Gând la gând, cu bucurie" mustăcesc eu naşparliu în sinea mea, dându-mi sema că toți românii gândesc cam la fel!!!

- Alex, stai că vin eu să văd despre ce e vorba... Intru la baie şi cu o mişcare simplă, agilă şi de cunoscător, dau robinetul în poziția „HOT" şi *voila*... apa caldă începe să curgă!

După ce iese Alex din baie îi zic pe un ton sarcastic şi condescendent:

- Auzi, domn inginer, se vede că în România ai stat mai mult pe la cort... nu prea le ai cu tehnica!

- Bine frate că tu te-ai născut la Intercontinental Hotel şi le ştii pe toate, îmi replică Alex oţărât.

După ce îmi fac porţia de râs de rigoare, într-un final îi spun lui Alex că şi... subsemnatul făcuse vreo zece minute de duş scoţian, până reuşisem să descopăr apa caldă, made în USA.

Ne dispăruse oboseala acumulată după 14 ore de drum şi ne simţeam *fresh* şi gata să ieşim pe corso să vedem şi noi mall-urile din Miami... era prima zi în USA şi nu aveam decât 2 zile la dispoziţie până când ne îmbarcam pe gigantul hotel plutitor, un *megaship* de lux.

Ne-am adunat toţi feciorii mioritici (şase la număr) şi ne-am vârât în două taxiuri să mergem să vedem cum arată un mall din Ţara Făgăduinţei. Lumea se arăta deosebit de prietenoasă în comparaţie cu România, unde lumea zâmbea doar de Moş Crăciun, de Revelion sau când câştiga la Loterie; aici toţi zâmbeau fără reţinere, erau amabili, degajaţi, politicoşi

Tânăr chipeş şi cu sex-appeal, foarte încrezător în succesul meu la femei, am început să flirtez... Primeam zâmbete peste zâmbete şi parcă deja şi mersul mi se schimbase, mai apăsat şi mai ţanţoş. La casierie, domnişoara simpatică afişa un surâs fermecător şi îmi vorbea cu o amabilitate excesivă.

Fetele îmi zâmbeau oriunde loveam cu privirea şi făceam „eye contact". „*Wow*, ce succes nebun", îmi spuneam în barbă, zâmbind, *of course*, la rândul meu. La atâtea „cuceriri" într-un timp atât de scurt, nu m-am putut abţine şi am început să mă laud amicilor. „Succesul meu a crescut cu 25% faţă de România", estimez cu voce tare.

Unul dintre noi, aflat la al treilea contract de muncă pe vase de croazieră, se uită la mine condescendent și rapid îmi taie macaroana: „Auzi băi, Cassanova de Brașov, aici în State toată lumea zâmbește. Pur și simplu așa salută ei. Toată lumea este amabilă și politicoasă. Așa că las-o jos, că măcăne", a încheiat amicul meu, zâmbind sarcastic.

Brusc mi-a înghețat zâmbetul pe buze acolo în mijlocul mallului. Am rămas siderat pentru că eu chiar credeam că „good looking-ul" meu era motivul pentru care primeam zâmbete ca pe bandă rulantă. De atunci, însă, mi-a rămas un zâmbet permanent, parcă lipit cu scotch... fața mea parcă se blocase în poziția „smile"... zâmbesc întruna, fără pretenții de mare cuceritor de această dată. E gratis, sănătos și folosesc mai puțin mușchi decât dacă m-aș încrunta. Așa că, zambiți vă rog, *maybe you get lucky!* Fusese prima mea zi în USA...

La pas pe Golden Gate Bridge

Golden Gate Bridge este perla orașului San Francisco, este simbolul orașului San Francisco, este podul cel mai fotografiat și poate cel mai vizitat pod din lume. A fost declarat una dintre minunile moderne din lume (*Modern Wonders of the World*) de către *American Society of Civil Enginners*. Deși am locuit mai mult de 5 ani în San Francisco și am traversat podul de zeci de ori cu mașina, niciodată nu am luat la talpă această superbă creație arhitecturală. Golden Gate Bridge este la fel de frumos pe timp de zi, pe timp de noapte sau pe timp de ceață.

Recent însă, m-am decis să experimentez, *first hand*, frumusețea izbitoare a acestei minunății inginerești și am luat-o la opincă pe una dintre cele două alei pietonale, care leagă partea nordică a orașului San Francisco, cu Marin County. Aceste alei (*walkways*) sunt destinate pietonilor, dar și bicicliștilor și celor cu *rollerblades* și sunt deschise între orele 5 am și 9 pm. Aleea din Est este deschisă pentru bicicliști și pe timp de noapte, fiind însă, închisă pentru pietoni.

M-am bucurat ca un copil mic când am pășit pe Golden Gate Bridge și o senzație instantanee de fericire și de bine mi-a străfulgerat ființa la atingerea acestui pod. Era o senzație greu de explicat în cuvinte, trebuie să fii acolo să-ți dai seamă, era o stare de euforie care îmi gâdila endorfinele și mă purta într-o stare feerică de vis, într-un cuvânt eram *happy*.

Este un loc ideal pentru cupluri de îndrăgostiți (fie ele de același sex sau de sex diferit, că deh, suntem în San Francisco, cel mai liberal oraș din State), dar și pentru familii cu copii sau cupluri ajunse la „golden age". Am fost și martorul unui eveniment emoționant. O cerere în căsătorie chiar la mijlocul podului... EL, îngenunchiase și îi oferise un inel persoanei iubite... în acest timp, EA, tremura și lăcrima de emoție... lumea s-a oprit pentru câteva minute atât cât a durat ritualul inedit, și după ce iubita sa a răspuns „DA", spectatorii acestui show inedit și ad-hoc au izbucnit în aplauze. EL a luat-o în brațe și a sărutat-o cu pasiune, după care au plecat îmbrățișați către intrarea în San Francisco... Golden Gate Bridge devenise „nașul" neoficial al acestui cuplu fericit!

După acest eveniment total neașteptat, dar liric și plin de emoție, m-am oprit la mijlocul podului să admir cu ajutorul echipamentul din dotare (un binoclu performant) nu mai puțin celebra fostă închisoare Alcatraz (unde Al Capone a fost unul dintre faimoșii „rezidenți") aflată la câțiva kilometri depărtare.

După ce am făcut o „cură" de Alcatraz, via binoclu, mi-am mutat retina în dreapta mea unde am putut admira silueta și arhitectura orașului San Francisco... în acest timp pe sub pod trecea un megaship de croazieră și, *of course*, că panorama să fie completă, deasupra noastră chiar trecea un hidroavion (o modalitate excelentă pentru turiști de a experimenta un "bird view" și a survola insula Alcatraz, Fisherman's Warf, Angel Island, Bay Bridge sau Downtown San Francisco).

Golden Gate Bridge, îmi răsfățase toate simțurile cu aceste superbe imagini... am închis pentru un moment ochii și am respirat cu nesaț aerul deosebit al oceanului care se lasă gâdilat de o briză gentilă și plăcută, *made in San Francisco Bay*. După acest intermezzo de răsfăț personal de la mijlocul podului, am luat-o din nou la opincă şi m-am îndreptat către capătul podului, spre intrarea în San Marino County, unde am făcut stânga împrejur şi m-am întors către locul unde parcasem maşina.

De ce numele de Golden Gate Bridge?

Mulţi cred că numele de Golden Gate Bridge vine de la culoarea *international orange* care dă impresia de *golden*, dar în fapt, adevărul este altul... Golden Gate se referă la strâmtoarea Golden Gate Strait care face legătura dintre Oceanul Pacific şi Golful San Francisco. Strâmtoarea are aproximativ 3 mile (4. 8 km) şi a fost numită aşa, de către Army Captain John C. Fremont în anul 1846.

Golden Gate Bridge cucereşte Hollywood-ul

Hollywood-ul, la rândul lui, nu a putut nici el să stea departe de acest magnetism pe care îl emană aceast giuvaer arhitectural, fiind şi el atras şi fascinat de miticul Golden Bridge, care a fost scenă a 26 de filme printre care aş aminti: The Maltese Falcon (1941), Escape în the fog (1945), Vertigo (1958), Superman (1971), The Domino Principle(1977), The Rock (1996), Interview with a vampire (1994), Star Trek (2009), Final Analysis (1992) şi cel mai recent film „Going the distance" (2010 - un film cu Drew Barrymore).

Câteva date tehnice

Construcţia acestei „Modern Wonders of the World" a început pe 5 ianuarie 1933 şi a durat până în anul 1938, când pe 28 mai, a avut loc deschiderea oficială. Inginerul şef Joseph B.

19

Strauss a compus și un poem, „The Mighty Task is Done" în cinstea acestui eveniment. În anult 1937, Golden Gate Bridge a fost cel mai lung pod suspendat, având o lungime de 1280 de metri, distincție care a menținut-o până în anul 1964... de atunci a mai fost depășit de alte 8 poduri, dar în SUA rămâne pe locul doi, după Verrezano-Narrows Bridge din New York City. Lungimea totală este de 2737 de metri, iar turnul de suspensie are o înălțime de 211 metri deasupra apei, distanța dintre podul propriu zis și apă fiind de 75 de metri.

De ce culoarea portocalie a podului?

În fapt este *orange vermilion* și a fost selectată pentru că îmbunătățește vizibilitatea pentru vasele care trec pe sub pod și pentru că se potrivește foarte bine peisajului din jur și dă un contrast deosebit între cer și apă. În anul 1965 culoarea originală a fost înlocuită datorită coroziunii.

Taxa de colecție

Pe data de 19 octombrie 1968, Golden Gate Bridge a fost primul pod major din lume care a instituit „toll colection" (taxa de trecere) și de atunci și alte poduri au urmat acest exemplu care a fost unul de succes. În prezent, taxa de trecere a podului (numai pentru mașini) este de $5, pentru cei cu abonament, și de $6 pentru cei care plătesc cash. Ca un fapt divers, se estimează că de la deschiderea oficială din anul 1937 și până în aprilie 2011 au trecut aproape două miliarde de mașini.

Destinația cu cele mai multe sinucideri

Golden Gate este, din păcate, destinația cea mai căutată din lume pentru cei care aleg să încheie conturile cu viața. Rata de fatalitate este de 98%, dată fiind distanța de 75 de metri dintre pod și apă și viteza de impact de aproximativ 120 km/oră. Cei puțini care reușesc să supraviețuiască impactului mor din cauza hipotermiei sau pur și simplu se îneacă. Se estimează că au avut loc peste 1200 de sinucideri de la inaugurarea podului, o medie de 30 de sinucideri pe an. Până în anul 2006 s-au contabilizat doar 26 de supraviețuiri. Pentru a preveni sinuciderile s-au instalat „suicide hotline telephones" și patrule de polițiști pe biciclete care să fie în alertă și să încerce să prevină eventualele tentative de sinucidere.

În anul 2006 s-a filmat controversatul film „The Bridge". Filmul a fost filmat pe parcursul anului 2004, cu ajutorul a două camere montate în două locații diferite. Camerele înregistrau non-stop, astfel încât, au înregistrat 23 de sinucideri și au reușit să prevină alte câteva tentative. În film au fost intervievați prietenii, familiile și martorii celor care s-au sinucis și au fost oferite în detalii mărturii despre motivele care au stat la baza acestor sinucideri: depresii, droguri, boli mintale, decepții în dragoste sau motive financiare.

O mărturisire a unuia dintre prietenii celor care s-au sinucis: „Nu știu de ce se omoară unii. Toți trecem prin momente de disperare. Pentru mulți dintre noi însă răsare soarele... Chiar nu știu de ce se sinucid. Poate vor să se elibereze de o durere sau poate vor să zboare cu adevarat."

75 de ani de Golden Gate Bridge

În anul 2012 se vor împlini 75 de ani de la inaugurarea acestei icoane arhitecturale, perla și mândria celor din San Francisco, și nu numai a lor, ocazie cu care se va organiza o manifestare care va celebra acest eveniment. Când am fost pe Golden Bridge se lucra de zor, se vopseau imensele cabluri care consolidează podul, turnul de suspensie și balustradele de lângă aleele pietonale. Golden Gate îmbracă haine de sărbătoare, își pune mantaua aurie și continuă să atragă milioane de vizitatori an de an. Este o vorbă care spune: „Vedi Napoli, e puoi muori"... eu aș parafraza cu: "See Golden Gate Bridge, and live happily ever after!"

Thank you, Golden Gate Bridge!

Sagging – moda adolescenților din State

„Moda este o formă a urâțeniei pe care trebuie să o modificăm la fiecare 6 luni."- Oscar Wilde

America, țara tuturor posibilităților, nu încetează să mă surpindă. Plimbându-mă printr-un mall din Los Angeles, retina mea a fost „asaltată" de niște imagini total lipsite de bun simț, asta cel puțin în opinia mea. Înțeleg că moda nu are limite, dar cred că ar trebui să existe totuși o barieră etică și morală care nu ar trebui să fie trecută. Este vorba de acești *baggy pants* sau *saggy trousers*, care sunt purtați în special de cei tineri și foarte tineri și care sunt în fapt niște pantaloni mai lăbărțați, dar care se poartă în așa fel încât să se scoată la vedere chiloții sau chiar crevasa dintre mușchii fesieri, ca să folosesc un eufemism la repezeală. Stilul de purtare al acestor *baggy pants* se numește *sagging* și a devenit un *fashion statement* la începutul anilor '90.

Am vrut să aflu mai multe detalii în legătură cu această modă și am „sunat" la Wikpedia, de unde am primit următorul raspuns, vis-a-vis de baggy pants și stilul sagging: *„Sagging is a manner of wearing trousers (shorts, pantsslacks or jeans) below the waist, revealing much of the underwear. Sagging is predominantly a male fashion. Women's wearing of low-rise jeans to reveal their G-string underwear is not generally considered sagging. An individual that participates in the practice of sagging may be referred to as a* *sagger. (Un stil de a purta pantalonii sub talie, cu vedere la chilot. Sagging este un stil de modă predominant bărbatesc. Femeile care poartă blugi sub talie cu vedere la G-string nu sunt considerate practicante al stilului sagging. Individul care practică sagging este numit sagger.)"*

Originea

„According to Greg Mathis sagging was adopted from the United States prison system where belts are prohibited. Belts are sometimes prohibited to keep prisoners from using them as weapons or în committing suicide by hanging themselves. (Wikipedia)

Sagging a fost adoptat pentru prima dată de către prizonierii din USA, datorită faptului ca nu aveau dreptul să poarte curea la pantaloni, s-au vazut nevoiti, volens-nolens, să poarte pantalonii în vine. Sunt unele puşcării din State care interzic ca un deţinut să aiba curea la pantoloni, pentru a-i împiedica să folosească aceasta curea ca o armă sau ca un mijloc de a se sinucide.

Stilul sagging a fost adoptat şi promovat la începutul anilor '90, de către cântareţii de muzică hip-hop, care au considerat această modă ca o libertate individuală de exprimare, stil preluat imediat de către tinerii rebeli şi răzvrătiţi împotriva valorilor conservatoare a societaţii americane. Cică, eşti *cool* dacă porţi *baggy pants*, şi acest stil predomină în rândul adolescenţilor de culoare (dar sunt şi albi care practică stilul sagging, deşi mai puţini) şi este în mod special adoptat de către *rappers, skaters* sau *rock stars*.

24

Mod de folosire pentru *baggy pants*

Nu ştiu dacă în România s-a importat această modă, dar sunt sigur că nu va dura mult până când bengoşii *baggy pants* îşi vor face debutul triumfător şi în spaţiul mioritic, având în vedere că românaşul tinde să copieze şi să emuleze, în mai toate domeniile, cam tot ce „mişca" peste baltă.

Pentru cei care nu sunt familiarizaţi cu această modă am să mă străduiesc să vă descriu o imagine vizuală, printr-o scurtă prezentare scrisă pentru a fi total edificaţi.

Proprietarul de *baggy pants* este de regulă un adolescent de sex masculin şi arată cam în felul următor: „Genunchii" pantalonilor sunt undeva la nivelul călcâielor, iar turul pantalonilor este cam în zona genunchilor, astfel încât să iasă la vedere chilotul şi în unele cazuri chiar să se vadă fesele în toată splendoarea lor. Purtătorul de *baggy pants* este recunoscut după stilul de mers îngenuncheat şi după modul în care îşi ţine mâinile adânc înfipte în buzunare pentru a se accentua vizorul în zona dorsieră. Ca accesorii, aş menţiona că aceşti *baggy pants* se asortează cu o chilot de firma cu elasticul la vedere, un tricou lăbărţat, cu o şapcă purtată într-o „dungă" şi nişte adidaşi cu şireturile nelegate. De regulă, purtătorul de *baggy pants* şi-i trage în sus cam la fiecare 10 secunde...

Preşedintele USA deranjat de această modă

Fiind la modă, aceşti pantaloni sar deseori de 100 USD! Această modă ciudată a atras atenţia până şi a Preşedintelui Barack Obama care în anul 2008 a afirmat că:"Brothers should pull up their pants. You are walking by your mother, your grandmother, your underwear is showing. What's wrong with that? Come on. Some people might not want to see your underwear. I'm one of them." (Fraților, trăgeți-vă pantalonii în sus. Treceți pe lângă mama sau bunica voastră cu chilotul la vedere. Cum se poate așa ceva? Vă rog. Sunt oameni care nu simt nevoia să vadă chilotul vostru. Eu sunt unul dintre ei.")

Interzicerea stilului sagging

Unele orașe mai conservatoare, aici în USA, au luat măsuri împotriva acestei mode care sfidează orice bun simț și au emis ordonanțe care interzic această „etalare" a chilotului/feselor, imagine, chipurile, care se vrea *cool*.

Astfel, în anul 2007, Town Council din Delcambre, Louisiana a emis o ordonanță (*indecent exposure ordinance*) care interzice purtarea acestor pantaloni în așa fel în care lenjeria intimă este expusă. Aceeași ordonanță a fost emisă și de către City Council din Hahira, în anul 2008.

La Olimpiada de la Vancouver, Kazuhiro Kokubo, un *snowborder*, a fost oprit să participe la ceremonia de deschidere a Olimpiadei deoarece organizatorii au considerat că acesta avea o ținută necorespunzătoare, care includea o cravată atârnată de gât, o camașa largă și ieșită din *baggy pants*, care erau purtați stil *sagging*, ținută considerată ofensatoare.

În 2011 o nouă lege a fost aplicată în Florida de către instituțiile de învățământ, lege care interzice elevilor stilul de modă *sagging*. Cei care nu se conformează vor primi o mustrare verbală la prima abatere, apoi o notă scrisă părinților la cea de-a doua abatere și o suspendare la cea de-a treia abatere. Au fost chiar și companii aeriene care s-au simțit ofensate de unii pasageri care practicau stilul sagging, acestora fiindu-le refuzat accesul la bord.

Maieuri cu coate

Așadar, această modă nu este văzută cu ochi buni de către marea majoritate și eu, unul, sincer vă spun, nu văd nicio utilitate în acest stil, acest *fashion statement*, care nu pare deloc confortabil și look-ul, în opinia mea de purtător de pantaloni „normali", mi se pare fără gust și penibil. Probabil am rămas în urmă cu modernismul avangardist și am devenit demodat, dar în opinia mea este o linie fină între ridicol și bun simț, care, din păcate, adeseori este ștearsă și trecută cu nonșalanță de cei care sunt în *fashion business*.

Îi dau dreptate lui Brâncuși care spunea că: „Nu doresc niciodată să fiu la modă. Ceea ce este la modă, ca moda trece". Sper că și această modă *baggy pants* să fie în curând istorie. Însă, în perplexitatea mea absolută vis-a-vis de modă, stau și mă întreb: Pe când o modă a maieurilor cu coate și a pantofilor cu tocul în față?

Only in America

Arnold Schwarzenegger, un emigrant austriac, venit în căutarea El Dorado-ului american, a reuşit cu adevărat să trăiască the american dream. Un actor de mare succes care a schimbat scena de la Hollywood, cu cea politică, de la Sacramento, unde pentru 8 ani de zile s-a dezbracat de rolul de Terminator şi a îmbrăcat ţoale noi de Guvernator de California.

În anul 2010, Arnie, îşi lua la revedere de la jobul de guvernator şi lăsa locul altora să conducă destinele Californiei. Arnold, dovedise încă odată, dacă mai era nevoie, că, USA este într-adevăr ţara tuturor posibilităţilor şi, reuşita sa în State, poate fi un exemplu şi un material didactic pentru cei care vânează visul american.

Şi ca să vedeţi cât de mult adevăr stă în spatele acestui slogan arhicunoscut – USA, ţara tuturor posibilitaţilor - am să vă povestesc o întâmplare adevărată şi foarte interesantă, la care am fost martor în anul 2010, când, plimbându-mă pe străzile din San Francisco, am avut ocazia să mă conving pe propria mea piele de veridicitatea acestui slogan.

În noiembrie, 2010, au avut loc în California alegerile pentru postul de guvernator, job deţinut pentru ultimii 8 ani de fostul Mr. Univers, alias Terminator, pe numele său de botez Arnold Schwarzenegger.

Cu prilejul acestor alegeri candidaţii încercau prin orice mijloace să iasă în faţă, să se impună şi să atragă electoratul şi

28

voturile lui; reclamele electorale bombardau ecranele televizoarelor, posturile de radio difuzau mesaje *ad naseum* cu programul și promisiunile electorale ale candidaților, care căutau cu orice preț să impresioneze electoratul și să-i convingă pe alegători că merită să fie instalați în fotoliul de Guvernator de California.

Pe străzi, la tot pasul, se simțea izul electoral, pancarte și fluturași electorali se pasau trecătorilor, iar front-yard-ul din fața caselor, dar și al firmelor, era presărat cu panouri electorale; chiar și pe bumperul mașinilor puteai vedea lipite stickere colorate cu sloganul candidatului preferat, într-un cuvânt, aveam parte de tot tam-tamul și tacâmul electoral, specific alegerilor electorale din State.

Asadar, mă plimbam printr-o zona foarte populara și pitorească, pe malul golfului San Francisco, la numai câțiva kilometrii de faimosul Golden Gate Bridge, și anume, în zona Embarcadero, o zonă foarte populată și căutată de turiști.

La un moment dat, mă intersectez cu un personaj foarte pitoresc, un bătrânel slab și ponosit, care mă oprește și mă abordează cu o întrebare:

„Can you give me a signature, please?"

Inițial am crezut că octogenarul în cauză era un cerșetor... dar, spre surprinderea mea, bătrânelul, posesor al unui clipboard, încerca să adune semnături. Pentru ce credeți? Pentru a candida pentru postul de Guvernator de California!

Sincer, pe moment am rămas siderat, mut de emoție, și fața îmi căzuse... încercam să mă regrupez și să îmi revin din contemplarea tâmpă în care mă afundasem, în timp ce îl

29

priveam de sus până jos, pe octogenarul care mă oprise.

M-au trecut 1001 de gânduri în acea fracțiune de secundă-despre visul american, egalitate de șanse, diferența de atitudine dintre bătrânii resemnați din România, și cei de aici, din USA.

Încercam să-mi aranjez fața căzută în contemplare și să îmi revin din situația siderată în care mă aflam datorită acestui inedit personaj și misiunii sale; după câteva secunde bune de buimăceală îmi revin și mă hotărăsc să-l fac fericit pe octogenar, cu o semnătură.

Începusem să analizez atent hârtia pe care, în ciuda înfățișării și vârstei neobișnuite, adunase multe semnături, care i-ar fi permis să între în cursa electorală pentru fotoliul de guvernator, moment în care „guvernatorul" se hotărăște să facem cunoștință:

„My name is James Bagley! Vote for me please!"- îmi zice domnia sa, pe un ton de candidat serios.

„Nice to meet you, my name is Vio" - îi dădui replica, pe un ton la fel de serios, în timp ce îi strângeam mana.

„Guvernatorul" dă să plece, dar îl opresc cu o întrebare de baraj:

„So, do you wanna be the new Terminator, I mean the new Governor?" - întreb eu sugubăț.

„Yes, I wanna get Arnie's job and be the new Governor" - îmi replică bătrânelul pe un ton ferm.

„Ok, I wish you good luck. Can I ask you one more question?"

„Sure! Shoot!" - zise "guvernatorul".

„What is your political platform?" - întreb eu curios.

„I want to annex Mexic to USA" - zise posibilul guvernator pe un ton foarte sobru.

Cu replica asta m-a lăsat chiar perplex și pe fața mea se putea citi cu litere mari o consternare mută amestecată cu o uimire totală. Într-un final, mă regrupez din amețeala în care mă îngropase răspunsul total neașteptat al bătrânelului și replic la rândul meu:

„Well, I wish you good luck, Mr. Bagely".

„Thank you very much, and don't forget please, vote for me!" - îmi replică posibilul guvernator în timp ce se îndrepta agale către un Ford Ranger model 1980, pick-up truck, la fel de obosit și prăfuit ca și potențialul guvernator.

Privirea mi-a ramas însă blocată, pentru câteva secunde bune, pe afișele și cartoanele multicolore cu care era tapat "Rangerul" și pe care se putea citi cu litere de-o șchioapa:"Annex Mexic to USA!"

C-așa-i în tenis! - ar spune regretatul Toma Caragiu.

Eu aș adauga, c-așa-i în USA!

31

Romanian Army *vs.* US Army

La 30 de ani m-am înrolat în US Army Naţional Guard. Nu mai eram un puşti nevinovat de 18 ani care eram dus cu arcanul la oştirea română, unde pentru un an şi patru luni serveam patria vrând-nevrând. În ţinutul miortic era o vorbă din bătrâni: " Nu eşti bărbat, dacă nu faci armată!" Nu puteam eu să fac o notă discordantă de la acest adagiu pur mioritic, care era menit să-ţi ridice moralul, dar şi să-ţi gâdile subliminal orgoliul tău de macho-man în training.

La 18 de ani d-abia îmi mijise mustăcioară, nu prea ştiam pe ce lume eram, habar nu aveam cu ce se mănâncă armata şi nici ce mă aştepta, dar sinapsele mele vibrau la unison la acest "adevăr absolut" transmis din tată-n fiu şi anume: "Armata te face bărbat"... şi cine eram eu, un puştan d-abia ieşit din liceu, căruia nu i se uscase cerneala de pe diploma de bacalaureat, să cutez să fiu mai puţin bărbat şi, eventual, să încerc să fentez armata.

Eu doream să fiu un bărbat adevărat care să-şi facă datoria faţă de patria mumă, să treacă prin furcile caudine ale "bibaniei" din armată; perioadă în care erai umilit şi batjocorit de către cei de ciclul doi şi în special de acel personaj infam care îţi veghea şi respiraţia când dormeai: caporalul! Caporalul dădea ora exactă şi el era şi tată şi mamă pe perioadă ciclului întâi în care, tu, un biet biban nevinovat, erai dezbrăcat de caracter şi de personalitate şi făcut o cârpă de şters pe jos, fiind la dispoziţia şi sub bocancul acestui D-zeu cazon, caporalul.

Ei, au trecut și acele 16 luni de formare a caracterului bărbătesc și la nici 20 de ani eram declarat, după vechiul adagiu mioritic, un bărbat adevărat. A meritat oare acest purgatoriu cazon, acest test al bărbăției absolute? O întrebare retorică, în opinia mea de bărbat cu armata făcută.

Derulăm puțin timpul forward și mă regăsesc peste 13 ani, la aproape 31 de ani, într-o nouă armată, de data asta o armată voluntară în care eu decideam să mă înrolez și să devin un macho man, made în USA. Ca să fii acceptat în US Army, trebuie să treci un test de cultură generală de aptitudini (test pe care l-am trecut cu flying colors) și să treci o vizită medicală complexă. Poate vă întrebați de ce decizia mea de a lua taurul the coarne și de a mă înrola de bună voie și nesilit de nimeni în US Army?

Primul motiv a fost să-mi arăt respectul pentru noua mea țară adoptivă și să-mi castig aprecierea americanilor prin faptul, că eu, un foreign citizen, mă înrolam într-o armată față de care nu aveam nici o obligație, dar față de care eu mă simțeam dator să-mi aduc umilul meu aport. Al doilea motiv a fost să-mi "trag" o constituție fizică de invidiat cu un *six pack abs* (abdomen cu "pătrățele")... și al treilea motiv a fost că nu mi-ar strica să am o pregătire de specialitate într-un domeniu pe care l-aș putea aplică și în viață civilă.

Pregatirea fizică și militară durează nouă săptămâni, timp în care ești pregătit fizic, înveți regulamentele militare și înveți cum să mânuiești în ale armamentului din dotare. Perioada aceasta de foc se numește Basic Training și se face la unul din centrele militare de pregătire din USA. Eu am făcut aceasta pregatire la o bază militară din statul Missouri.

33

După un zbor cu avionul de 3 ore și o călătorie cu bus-ul de vreo 4 ore, am ajuns în zorii zilei la 4 AM la destinația mea finală. Aici începea odiseea mea militară din State. Am fost întâmpinați de la coborârea din bus cu strigăte de intimidare, care mai de care mai înfricoșătoare, din partea domnului *Drill Seargent* care era echivalentul caporalului mioritic. Am fost repartizați în dormitoare și în câteva zile eram tunși, vaccinați și îmbrăcați în uniforma Unchiului Sam (așa făcea Army referire la USA).

După 3 zile de centralizare am fost îmbarcați într-un bus care se numea bou-vagon, deoarece inițial fusese destinat transportului de animale și fusese convertit ca bus de transportat soldații. Era încă o lovitura de imagine menită să te intimideze. Am ajuns după 45 de minute, timp în care am fost obligați să ținem *duffle bag*-ul (un rucsac mare în formă de cilindru încărcat cu toată ținută noastră militară și accesoriile aferente), în brațe pe tot parcursul drumului. Brațele ne amorțiseră și dacă îndrăzneam să-l lăsăm jos, eram întâmpinați cu niște decibeli dureroși pentru urechea umană, decibeli care-ți făceau și părul de pe piept să stea în poziția de drepți.

Ajunși la unitate unde pentru noua săptămâni începea procesul de "break down" (adică să te facă un zombie care să execute ordinele cu sfințenie) și noua mea carieră de soldat american. Baza militară care avea un *smoke free policy* (fumatul interzis), era în fapt un mic orășel care se întindea pe sute de hectare. Aveam cantină, magazine, sală de sport, terenuri de sport, săli de clasă, dormitoare și terenuri pentru antrenament.

La nici 2 zile după ce am sosit la baza militară am avut un *Physical Training* (exercițiu fizic) pentru evaluare. Această evaluare constă în 2 mile alergare, flotări şi abdomene. La sfârşit ţi se dădea un punctaj final. Apoi începeau cursurile la sală şi antrenamentele pentru trageri. La sfârşitul celor nouă săptămâni, trebuia să treci probele fizice, dar şi probele la trageri cu M16 (variantă americană a PM-uli românesc-Kalaşnikov).

Cam 25 % nu treceau aceste probe şi erau nevoiţi să treacă din nou prin alte nouă săptămâni de training. Eu, unul, m-am descurcat bine la probele fizice, unde am scos un punctaj bun, dar aveam temeri destul de mari la trageri, deoarece ştiam că în armata română nu prea strălucisem. În *Romanian Army*, de abia reuşeam un satisfăcător ca rezultat final, iar la tragerile cu Gărzile Patriotice, cu ZB-ul, trăgeam numai NS-uri, adică nesatisfăcător.

La trageri ni se dădeau două sectoare cu 40 de cartuşe. Prima tragere se făcea din poziţia *foxhole* (era o groapă), iar apoi se trăgea din poziţia culcat. Ţintele erau la distanţe cuprinse între 50 şi 500 de metri care se ridicau şi coborau la intervale regulate. Ca să ai un rezultat satisfăcător trebuia să dobori cel puţin 22 de ţinte la ambele poziţii. Spre surprinderea mea, eu am reuşit un extraordinar 38 din 40, rezultat care avea să fie *the highest BRM* (adică cel mai bun la puşcă mitralieră). Şi dacă nu mă credeţi am şi dovada: o diplomă de excelenţă! Plus, o insignă de expert în trageri!

Dilema mea ramâne însă... cum la *Romanian Army* trăgeam NS şi S, iar aici ajunsesem fruntaşul companiei... adică *the best*!! Să fie arma de vină? Sau pur şi simplu dorinţa mea crâncenă de a fi cât mai bun? Să fi avut Kalaşnikovul românesc "bătaie"? Sincer, nu am un răspuns...

Am fost foarte fericit când am fost scos pe scenă la *Graduation Day* și felicitat personal de comandantul unității pentru rezultatul meu la trageri. *Graduation Day* însemna sfârșitul celor nouă săptămâni de *Basic Training*. Apoi, începea pregătirea strict de specialitate într-o altă unitate militară. Ce a fost mai greu trecuse însă...

Devenisem din nou bărbat... acum mă puteam lăuda că aveam două armate în spate...

Fotbalul american

Parte a procesului de asimilare în cultura americană este şi familiarizarea cu cele trei mari fenomene sociale: fotbal, *basseball* şi *basketball*. Despre basketball mai ştiam câte ceva, dar în domeniul fotbalului american şi basseball-ului eram un neofit. Am asistat pentru prima dată la un meci de fotbal american, live, în anul 1996... Juca San Francisco '49ers cu Dallas Cowboys, un meci tare între două rivale care aveau la activ deja cinci *rings* de superbowl, adică câştigaseră campionatul NFL de cinci ori.

Atmosfera de pe stadion era de vis, un stadion arhiplin în care predomina culoarea vişinie/aurie, culorile echipei locale din San Francisco. În tribune, toată lumea participa la spectacol, încuranjând echipa locală, spre deosebire de *soccer*, cum îl numesc americanii, unde există galerii profesioniste responsabile cu atmosfera. „Cireaşa de pe tort" o reprezintă frumoasele majorete, care sunt toate absolvente de colegiu şi sunt responsabile cu încurajarea echipei locale şi cu „incitarea" spectatorilor din tribună.

Diversitatea în USA este reflectată şi în selecţionarea majoretelor care au în componenţa lor mai toate etniile din State... Astfel, găsim hispanice, mulatre, negrese, asiatice sau albe... şi diversitatea este sesizată şi în etalarea podoabelor capilare care sunt blonde, brunete sau roşcate.

Fotbalul american este un sport spectaculos, cu un regulament destul de sofisticat şi pe care, dacă-l înţelegi, ajungi să-l îndrăgeşti şi să devii un fan adevărat. Când urmăreşti pentru prima dată un meci de fotbal american eşti puţin copleşit de ceea ce se întâmplă pe teren, dar în scurt timp poţi învăţa, grosso-modo, cu ce se mănâncă acest sport naţional din State. Eu am avut curiozitatea să pun multe întrebări despre acest sport şi chiar am devenit un fan şi un bun cunoscător de-a lungul anilor şi peste ani. În 2004, am comentat câteva meciuri de fotbal american, printre care şi superbowl-ul dintre Carolina Panthers şi New England Patriots.

Cei care au avut ocazia să urmărească acest meci, au văzut în timpul pauzei un mega show având invitaţi mari artişti din USA. În acel show Janet Jackson şi Justin Timberlake au fost responsabili cu *entertainment*-ul din pauza meciului, un spectacol foarte frumos care a avut un final total neaşteptat... datorită unei *wardrobe malfunction*, cum a fost numit „fenomenul" de americanii... prin care... sânul cântăreţei Janet Jackson a ieşit la iveală – desigur în mod involuntar, şi de gestul lui Justin care dorind să protejeze intimitate pieptului artistei a manevrat greşit corsetul de piele al acesteia care rupându-se a dezvelit (şi mai şi! Sic!) rotunjimile toracice ale artistei în văzul a sute de milioane de telespectatori. La acel moment a fost un scandal în presă americană, cei mai conservatori şi pudici fiind foare revoltaţi de acel moment erotic, datorită unei garderobe buclucaşe care a cedat total neaşteptat.

Am avut onoarea să comentez acel superbowl împreună cu regretatul Florian Pittiş, care era un mare fan al fotbalului american. „Moţu" şi-a făcut apariţia în studio cu 30 de minute înainte de începerea meciului, cu un *look* de rocker autentic, îmbrăcat în blugi, cu părul lung (pe timpul lui Ceaușescu era obligat ca să-și țină părul strâns la spate când apărea pe micul ecran) și trăgând cu nesaț... dintr-o țigară „Carpați".

Printre altele, l-am întrebat pe Florian Pittiș care era secretul vocii sale calde și inconfundabile pe care o auzeam atât de des la lecturarea unor povești la emisiunea de cultură "Tele-enciclopedia". Răspunsul lui a fost scurt și surprinzător: „Țigările Carpați, ăsta-i secretul!" Am devenit prieteni, deși nu ne-am mai văzut niciodată, dar am continuat să comunicăm via email, până s-a stins prematur din viață. Eu însă nu voi uita niciodată răspunsul lui nonșalant și sincer, asemenea stilului lui de viață... „Țigările Carpați, ăsta-i secretul!"

Dacă în restul lumii *soccer*-ul este sportul rege, aici la americani, fotbalul american este precum o religie... o religie cu cei mai mulți adepți, care nu discriminează pe nimeni și care continuă să facă noi prozeliți indiferent de sex, etnie sau orientare politică.

Ca „american" adoptat, m-am alăturat și eu acestei religii extraordinare care m-a primit cu brațele deschise și căreia i-am răspuns asemenea... am fost convertit, cu voia mea, la această religie: religia fotbalului american! Până acum nu am niciun regret... și continui și eu la rândul meu să propovăduiesc această religie celor care sunt mai puțin familiarizați cu acest fenomen, care este fotbalul american.

Cu maşina... în magazin

Nu este un secret că SUA conduc detaşat la capitolul "overweight" şi "obese", adică supraponderali şi obezi. Două motive principale ar sta la baza acestei situaţii: lipsa de mişcare şi fast food!

Mă scoate din papuci, aici în USA felul în care americanii vânează locurile de parcare cu "vedere" la supermarket, mall, cinema, etc... adică să parcheze cât mai aproape de intrarea în mall/grocery store(alimentară)/cinema, etc. Mi s-a întâmplat de multe ori să aştept minute bune în spatele unuia care vroia neapărat să aibă locul de parcare cu vedere la uşa de la magazin.

Acum câteva zile însă era să dau în apoplexie... Mă duc şi eu ca omul să-mi fac cumpărături la un big supermarket şi ca de obicei intru pe una din alei să-mi parchez maşina. Conducând pe aleea pe care intrasem, în faţă mea era un SUV care se opreşte brusc chiar la capătul parcării, unde erau cele mai bune locuri de parcare; de acolo te dădeai jos şi ţuşti în magazin. SUV-ul aştepta precum un uliu care-şi urmăreşte prada din văzduh, adică aştepta să iasă cineva care parcase în poziţii avansate şi să-şi revendice un front seat parking space, adică la buza supermarketului!

Pur şi simplu SUV-ul stătea şi aştepta... nu era niciun loc liber, dar o persoană care tocmai ieşea din magazin se îndrepta spre maşină ca să-şi încarce portbagajul şi să-şi ia viteză din parcare. Problema era că *shopping cart*-ul cetăţeanului care îşi încărca portbagajul dădea afară de îndesat ce era şi în plus tipul se mai mişca şi în reluare, agravându-mi situaţia de nervozitate care se instalase de câteva minute bune.

Mă uit să dau în spate ca să ies cumva, dar eram prins ca într-o menghină... în spatele meu erau deja două maşini şi era un singur sens de mers. Trec cam vreo 5 minute - timp în care cetăţeanul îşi descărcase cam jumătate de cărucior - şi răbdarea deja îmi era testată la maxim... îmi venea să mă înfig în claxon, precum Vasile Roaită în 1933, la greva de la Griviţa. Însă, mi-am adus aminte că aici nu eram în România - unde în secunda doi dacă nu te mişti de la semafor ai deja 10 claxoane pe tine - aşa că am continuat să bat darabana liniştit, muşcându-mi buza de jos, de nervi, *of course*. Trec cam 10 minute până într-un final se descarcă căruciorul individului şi pleacă... Amen!

De curiozitate m-am uitat să vad cine era la volanul acelui SUV care a stat la pândă până când şi-a tras un loc de parcare cu vedere la uşa magazinului... and *voila*, mamă Dolores, *one big fat lady* (pardon my French) care se mişca cu viteza unui melc constipat către intrarea de la supermarket. Am studiat şi urmărit să văd cam care sunt cei care parchează la buza magazinelor şi, fără surprindere, majoritatea celor care ocupau locurile din faţă, cu vedere la uşă magazinului, jucau în ligi supraponderale... foarte rar am văzut dolofani să parcheze la "peluză" şi să meargă pe jos zeci de metri...

Şi stai să te mai întrebi de ce sunt dolofani americanii ăştia... păi asta fac de obicei, vânează şi aşteaptă la cotitură locuri de parcare cu vedere la intrarea magazinului... dacă s-ar putea, ar parca în magazin...

41

Nişte sedentari patetici, care au deja o tehnică de aşteptare şi de vânare foarte bine pusă la punct. Ei aşteaptă cu mult calm şi răbdare să vadă cine iese din magazin, apoi opresc maşina şi îşi urmăresc cu privirea "victima", până când aceasta ajunge lângă maşină sa... aici intervine aşteptarea pentru ca "victima" să-şi ejecteze marfa din cărucior... odată locul devenit disponibil, maşina semnalizează şi intră în locul de parcare mult dorit... *pretty cool, huh*!?

Probabil, în viitorul apropiat, se va ajunge şi la un fel de *drive-thru*, precum la McDonalds, unde poţi să stai în maşină în timp ce vânzătorii îţi încarcă portbagajul cu tot ceea ce ai nevoie... cred că nu suntem departe de aşa ceva...

My First Date with... Lady Pot!

Marijuana, „grass" sau „pot", cum o alintă consumatorii de canabis din USA, este the *drug of choice* pentru mulți americani și este foarte aproape de legalizare în unele state din USA, printre care și California, stat unde eu sălășluiesc de mai bine de 15 ani. Anul trecut, la referendumul organizat în California privind legalizarea marijuanei, proiectul de lege a fost la doar câteva procente de a primi un aviz favorabil.

Cei care sunt prinși acum cu marijuana asupra lor, nu mai sunt trimiși la închisoare, fapta nemaifiind de natură penală.

Deja, aici, marijuana este legală pentru cei care folosesc această iarbă în scopuri medicinale, în multe cazuri marijuana fiind se zice... benefică pentru unii în suferință, definită ca un adevărat panaceu pentru unele boli. Bineînțeles, consumul în cantități industriale dăunează grav sănătății!

My first date cu planta canabis, a fost în decembrie 1995, când lucram pe un vas de croazieră în Marea Caraibilor, în căutarea El Dorado-ului american, împreună cu alți prieteni din Brașov. Acolo am cunoscut un compadre al celebrului mafiot Pablo Escobar, pe numele său... ironic nu, tot Pablo! Pablo lucra și el pe vas cu noi și era un columbian simpatic și jovial, mereu zâmbitor și pus pe șotii și ghidușii. Într-o zi, când ne întorceam dintr-o croazieră de 3 zile din Bahamas și ne îndreptam spre portul mamă, Miami, Pablo ne cheamă la el în cabină pe mine și pe încă un prieten ca să ne facă o surpriză, cică. În cabină, Pablo scoate din valiză o pungă mică care avea în ea celebra marijuana şi câteva foiţe de ţigară. Tacticos, amigo Pablo, scoate planta fărâmiţată şi o asamblează meticulos cu foiţa dându-i o formă de ţigară naşpa, ascuţită la capete... pe care o aprinde şi imediat trage adânc în piept un fum. Îşi ţine respiraţia timp de vreo 5 secunde, după care expiră puternic fumul ţinut în piept cu atâta grijă.

Faţa i se luminează deodată şi îmi întinde mie ţigara naşparlie, nu înainte de a-mi prezenta instrucţiunile de folosire corectă a marijaunei: „You have to inhale and hold your breath for five seconds before you exale" îmi zice Pablo. Adică trebuie să tragi fumul în piept şi să îţi ţii respiraţia pentru cinci secunde! Eu ca să fac pe eroul zic: „Ok. Let me give it a shot! (Bine! Lasă-mă să încerc!), spun eu bravând, hotărât să experimentez first hand ce înseamnă iarba diavolului. Trag adânc în piept, îmi ţin respiraţia pentru cinci secunde (ca la carte! sic!) şi expir puternic în timp ce mă înec şi încep să tuşesc necontrolat. Pablo începe să râdă şi îmi ia ţigara pe care apoi i-o pasează lui Alex.

Alex, la rândul lui un novice în ale marijuanei, ca şi mine de altfel, urmează acelaşi ritual şi sfârşeşte cu o tuse aproape identică cu a mea. „It is ok! You need a few hits till you get the hang of it" (OK! Trebuie doar câteva încercări ca să te obişnuieşti... ", ne asigură Pablo pe un ton profesoral de abil cunoscător al fenomenului „pot", dar în acelaşi timp dându-ne siguranţă şi încrederea de care aveam nevoie în prima noastră tentativa de fumători de „pot".

Continuăm să pasăm ţigara de la unul la altul şi într-adevăr începem să ne obişnuim cu ritualul iar accesele de tuse încep să dispară. După câteva hits-uri (fumuri) suntem „gâdilaţi" de nişte *side effects*, adică începem să râdem unii de alţii atât de tare şi de ilar, încât ne durea burta şi ne rugam unul de altul să nu mai râdem. Cred că această manifestare spontană şi necontrolată a durat vreo treizeci de minute până când ne-am liniştit.

Am ieşit din cabina lui Pablo şi m-am îndreptat agale spre cabina mea, unde m-a apucat o stare de toropeală, vecină cu reveria... care m-a trimis direct în lumea lui Moş Ene! Se dusese de râpă planul meu de a debarca la Miami City, unde pentru vreo opt ore aş fi fost „free" să bântui de-a lungul şi de-a latul exoticei metropole.

Pentru mine a fost însă o experienţă unică, interesantă şi amuzantă pe care însă nu am mai repetat-o niciodată... deoarece nu vedeam nimic grozav în a fuma marijuana! Poate pentru unii este un sport şi fumează marijuana la breakfast, lunch sau dinner. Pot să vă mai spun că peste un an m-am lăsat şi de fumat ţigări normale, datorită faptului că că pentru mine începuse un nou capitol al odiseei mele în America: înrolarea în US Army, unde era un „smoke free enviroment", adică fumatul fiind absolut interzis în interiorul bazei militare.

Pablo ne introdusese într-un univers nou şi la propriu şi la figurat. „Pot" devenise însă doar un cuvânt în vocabularul nostru, nu şi o realitate. O amintire cu tuse, creier iritat şi râsete aiurea... aceasta a fost prima, dar şi ultima mea "intalnire" cu... *lady POT*!

Santa's comeback... după 20 de ani revine

Moş Crăciun, alias Santa Claus (USA), Father Christmas (Anglia), Pere Noel (Franţa), Nikolaus (Germania), Mikulas (Ungaria), Babo Natale (Italia), Noel Babă (Turcia), Joulupukki (Finlanda) sau El Ninito Dios (Mexic) este cel mai iubit personaj dintre pământeni (doar locuieşte în Laponia, deci nu este extraterestru). Moş Crăciun există, nu este doar un personaj de basm sau un mit... El sălăşluieşte în Laponia, alături de soţia sa, Crăciuniţa, împreună cu spiriduşii şi renii săi.

Moş Crăciun îşi începe călătoria pe 24 decembrie, de la Polul Nord, când îşi pregăteşte sania magică supraîncărcată cu daruri pentru toţi copiii lumii, fiind ajutat de spiriduşii săi de nădejde care au muncit din greu la pregătirea pachetelor cu cadouri. Sania sa magică îi are în distribuţie pe cei 9 reni ai săi: Rudolph, Dasher, Dancer, Prancer, Vixen, Comet, Cupid, Donder şi Blitzen. Şeful de atelaj este celebrul Rudolf, care cu al său strălucitor nas roşu luminează şi ghidează sania Moşului către destinaţiile copiilor care au fost cuminţi. Impersonatori ai Moşului, şi ei, la rândul lor, îşi pun costumaţia de MOŞ şi o purced cu cadouri în spinare (sau în portbagaj) către persoanele dragi lor.

Îmi aduc aminte, cu mulţi ani în urmă, când am încercat să iau rolul lui Santa, am eşuat lamentabil... Atunci, împreună cu alți 3 prieteni, stabilisem un itinerariu care avea vreo 6 popasuri, unde eram așteptați de fete frumoase și cuminți, alături de mâncăruri tradiționale românești acompaniate cu licorile bahice de rigoare. O purcedem noi la colindat și ne aciuăm la prima destinație... Mâncare ca la nuntă, băutura era în cantități industriale și ne era servită la discreție... De abia am reușit să ne desprindem de prima noastră gazdă care nu mai prididea să ne îmbie cu sarmale și vin roșu.

Ajungem la a doua destinație, unde ne aștepta prietena unui prieten de al meu și ne înțepenim de-adevăratelea. Vinul roșu curgea fără oprire și barba moșului (adică a mea) devenise roșie... pur și simplu Bachus ne-a pus capac și nu mai reușeam să ne urnim din loc, așa că am rămas acolo până dimineață, când, cu greu, ne-am luat rămas bun și am plecat către casele noastre...

Au trecut mai mult de 20 de ani de la această peripeție, și iată, Santa revine în forță... un adevărat *comeback*. De data asta, Santa sălășluia pe alte meleaguri, prin State, un Santa mai bătrânel, mai sobru și mai serios a cărui misiune era să ajungă la fetița sa de 5 anișori, care a fost cuminte și care aștepta nerăbdătoare să vadă ce cadouri va primi de la Santa.

Îmi era cam teamă să nu fiu recunoscut, dar aveam încredere în calitățile mele de actor priceput și în echipamentul de Santa care îmi masca complet adevărata identitate.

Bat la ușă și îmi deschide Diana... avea doi ochi mari, luminoși și un zâmbet larg de fericire... *Santa has arrived!*

Îmi intru în rol rapid cu celebru "Ho, Ho, Ho!" și cu întrebarea: "Hello Diana! Have you been a good girl?"

Diana îmi răspunde hotărât și fără echivoc: „Yes, Santa!"

„OK, Diana"- zisei și eu la rândul meu... și după ce mă așez pe canapea, încep să scot unul câte unul, cadourile din sacul pe care îl aveam în dotarea mea de Santa, un Santa destul de credibil, în opinia mea.

Singura mea problemă tehnică era mustața din dotare (care îmi tot intra în gură) și pletele rebele care îmi intrau în ochi și îmi blocau viziunea, fie ea frontala, sau periferică... în ciuda acestor mici probleme tehnice, am reușit să duc cu bine jobul Santa, fără să fiu recunoscut... *Mission accomplished!*

Diana a fost foarte fericită și s-a împrietenit repede cu Santa pe care l-a invitat să se joace cu jucăriile aduse și în brațele căruia a stat pentru pozele de rigoare...

Și uite-așa a mai trecut un Crăciun. Santa a mai îmbătrânit cu un an... dar va reveni, cu siguranță, anul următor pentru a-și face datoria și pentru a aduce Dianei cadouri împreună cu doza necesară de fericire specifică Crăciunului.

De-a v-ați ascunselea

Mi-am adus cu drag aminte, de-o povestioară *funny*, în care actorii principali erau Diana și Tăti (adică eu) ș-am zis să o împărtășesc și cu voi - cititorii!

Deși au trecut vreo 30 de ani, de când nu mai "evoluasem" la celebra 'scunsea, eu sincer credeam în sinea mea că instinctul de ghiduș și de descurcăreț în „jocurile de societate" specifice copilariei îmi erau încă intacte și bine conservate, dar realitatea s-a dovedit puțin diferită, spre marea mea suprindere și dezmagire.

Acum vreun an, Diana - care avea patru anișori - vine cu propunerea să ne jucăm 'scunsea... zis și făcut! Fiind posesorul unei case cu destui metri pătrați și cu destule cotloane pe unde să ne ascundem, îi propun Dianei să fiu eu acela care se va ascunde primul.

Așadar, mă ascund eu primul și Diana începe să mă caute... am zis pentru început să mă ascund oarecum mai "la vedere", pentru ca ea să nu se panicheze dacă nu mă găsește... nu am vrut să apelez de la început la veleitățile mele de mare specialist în „jocurile de societate" din timpul copilăriei mele gen: 'scunsea, prinsea, hoții și vardiștii, flori, fete sau băieți, sticluța sau lapte gros. Dupa ce mă ascund, Diana începe să mă caute și mă găsește relativ ușor... este rândul ei să se ascundă... eu încep să mă desfășor și să o caut prin toată casă, dar nimic... trecusără mai mult de 10 minute și începusem să mă panichez... încerc să mă uit prin garaj - nimic! Deschid ușa la "backyard"- nimic! Deschid chiar ușa de la intrare să văd dacă cumva nu ieșise afară, dar același rezultat-nimic!

Încep să o strig pe nume: "Diana", Diana, unde ești mai tati?"... mă uit prin "closet" (debaraua de haine) - nimic! Mă uit pe sub pat, mă uit în baie, în garaj, din nou - nimic!

Într-un final, aud ceva că se mișcă în debara... acolo aveam 2 valize și una dintre valize se cam mișcă puțin... Când o deschid, Diana a mea stătea acolo chitic. Probabil i se făcuse milă de mine și s-a gândit să-mi dea o mână de ajutor... se mișcase puțin în valiză că să-mi dea un mic indiciu... altfel, sincer va spun, nu cred că o mai găseam decât cu acatiste la biserică...

Nu puteam să terminăm programul "de-a v-ați ascunselea" fără măcar să încerc să îmi iau revanșa și să o las eu, la rândul meu, cu ochii-n soare pe Diana... doar era în joc și orgoliul meu de specialist în 'scunsea!

De data asta sunt hotărât să-mi caut un loc în care să nu mă găsească așa ușor... Deschid ușa de la garaj și mă ascund după mașina de spălat. Mă așez în poziția "ciuci", știți voi poziția aceea când vă duceți în porumb să faceți numărul doi...

Stau eu acolo liniștit și încep să cam amorțesc... mă mai ridic puțin, din când în când, să mă dezmorțesc și revin în poziția de bază, poziția "ciuci", adică "pe vine". Cred că trec mai mult de 15 minute și nimic.

De data asta se parea ca Diana nu mă mai gasește, îmi ziceam eu în barbă mândru de locul gasit de mine, totuși era cam ciudat pentru ca nu prea auzeam activitate de căutare, niscai

50

zgomote, sau strigăte... de obicei cînd nu mă găsea, ea începea să se agite și să mă strige, "tati, tati!"... după vreo 20 de minute de chinuială după mașina de spalat, deschid ușor ușa de la garaj să văd care-i situatia.

Ce credeți? Diana a mea stătea relaxată pe "couch", adică pe canapea, și se uita la desene animate... nici vorbă să mă caute (sau poate mă căutase puțin și s-a plictisit)... asta în timp ce eu stăteam, ca fazanu', cocârjit în garaj...

O întreb: Ce faci, tati?"... ea raspunde foarte nonșalant: "Uit la desene".

Ce-ar mai fi de adăugat... Diana - Tati : 2-0!

51

REFLECȚII

Bara de bătut covoare...

Această bară de bătut covoare, sau bătător cum cu alint i se mai spunea, îmi stârnește multe nostalgii. În timpul copilăriei mele, bara de bătut covoare era un reper foarte important pentru toate categoriile de vârstă, deoarece în jurul bătătorului se desfășurau multe fenomene sociale interesante.

Activități gospodărești, sportive, întâlniri tovărășești sau bârfe de cartier își dădeau mâna în jurul acestui bătător. Bara de bătut covoare era un loc de socializare și de joacă pentru copii, dar și pentru adolescenți aflați în căutarea primei dragoste.

În timpul zilei, bătătorul era folosit ca substitut pentru poartă de fotbal de către băieți sau de bară de gimnastică de către fete. Când se lăsa seara însă, intrau în arenă adolescenții care o puneau de o bârfă mică sau de un loc de întâlnire și de „agățat" gagici. Însă funcția primară pentru bătător era, of course, bătutul de covoare!

Bara de bătut covoare reprezenta simbolul curățeniei unde în special de Crăciun, de Paște sau cu ocazia curățeniei generale de primăvară/toamnă locatarii se aliniau la bară pentru a-și etala „persanele" și preșurile obosite și pline de praf.

Exista un întreg ritual care se respecta cu sfințenie, precum și un orar care trebuia respectat de cei care „evoluau" la bară, iar din tehnica din dotare nu avea voie să lipsească ligheanul cu apă, peria de plastic, o sticlă cu oțet și bineînțeles obiectul principal, obiectul muncii, acest mic „star" pe numele său de botez, bătătorul.

Bărbatul era eroul principal, el era acela care venea cu cel puțin două covoare pe umăr și un preș sub braț și tot el era acela care-și umfla mușchii în mânuirea dezinvoltă a bătătorului care altoia cu furie și fără milă „persanul" îmbibat cu praf. Însă la această activitate gospodărească participau deopotrivă femeile, precum și tinerii și copiii. Bara nu era discriminatorie, era un „personaj boem" care îmbrățișa cu prietenie și căldură pe toată lumea, indiferent de vârstă sau sex.

Am fost în vară în România și în multe locuri bătătorul a fost desființat... probabil pentru că este perceput ca un loc de poluare fonică... Bătătorul din zilele noastre este pe cale de dispariție... bătătorul a devenit ceva ciudat și i se pregătește retragerea oficială... probabil peste timp va deveni un fel de monument al naturii.

Acum covoarele beneficiază de aspiratoare performante sau de curățire chimică. Adolescenții își dau întâlnire la „mall" sau în cluburi, iar cei mai tineri probabil sunt în casă „călare" pe video games sau pe „messenger", la o bârfă virtuală. Cei care acum sunt în clasele primare probabil se uită la bătrâna, obosita și prăfuita bară ca la o relicvă, o ciudățenie pierdută în timp și-n spațiu

Bara orizontala a fost înlocuită, în locuri *indoors*, special amenajate, cu cea... verticală... acolo însă, nu se mai altoiesc covoare, ci se dansează în jurul ei, iar personajele principale sunt fete tinere, echipate într-o ținută foarte sumară, o ținută

53

specifică programului artistic de bară...

Însă pentru mine, şi pentru mulţi alţii din generaţia de dinainte de '89, banala şi nevinovata bară de bătut covoare a reprezentat un neuitat punct de reper din perioada copilăriei mele... o simplă şi banală bară, bara de bătut covoare...

Bătrânețea – verdictul vieții

Bătrânețea este o mutilare a corpului, care rămâne întreg: toate le are și la toate lipsește ceva – Democrit

A fost odată ca niciodată, o perioadă în antichitate, când bătrânii erau foarte respectați, erau considerați cei mai înțelepți și era o onoare să ai statut de bătrân. Anticii cereau adesea sfaturile bătrânilor când se aflau în fața unor situații dificile și întotdeauna sfaturile bătrânilor erau foarte apreciate. Pe timpul anticilor a fi bătrân era sinonim cu înțelepciunea! Ei își aveau locul lor în societate, undeva pe un piedestal de onoare și erau venerați de cei mai tineri.

Ce este bătrânețea? Un amestec de melancolie și de iritare, după cum spunea Octavian Paler? Sau, poate, este vârsta renunțărilor și a umilințelor? Sau, poate, este chiar o boală, sau, de ce nu, este chiar bilanțul și verdictul vieții. Benajamin Franklin spunea: "Tragedia vieții este că îmbătrânim prea devreme și devenim înțelepți prea târziu".

Fiecare om își dorește un trai îndelungat, dar nici unul nu vrea să îmbrace hainele grele ale bătrâneții și să fie bătrân. Din păcate, un trai îndelungat este sinonim cu bătrânețea, care, nu prea este... fun. Arghezi ne amintea că țara noastră nu are ce face cu tineri îmbătrâniți, ci că țara are nevoie de bătrâni, de bătrâni tineri... Mai avem nevoie în zilele noastre de bătrâni?

Bătrânii au ajuns să fie desconsiderați, neglijați sau chiar marginalizați și tratați ca niște obiecte care ar trebui casate.

E dureros când bătrânețea îți bate la ușă și te găsește singur, fără familie în jurul tău, sau bolnav și internat într-un azil - ultima haltă în care trenul vetii va opri. Cea mai grea boală a bătrâneții este singurătatea. Este trist să fii bătrân, bolnav, fară rude și părăsit de toți.

Bătrânii din ziua de azi au ajuns să fie o masă amorfă, solicitată și minţită la câţiva ani, să vină să-și aducă obolul printr-un vot, care să-i aducă pe unii în loje de conducere, fără grija zilei de mâine, puși pe căpătuială rapidă și în poziția de a stăpâni destinele acestor bătrâni (și nu numai) care, aflaţi la apusul vieții, trec prin perioada cea mai amară din viață.

Eu, întotdeauna, am respectat bătrănii și nu din perspectiva karmei și a inevitabilului, ci pentru că așa am simţit și considerat că este firesc. Mai sunt și bătrâni care ne enervează și ne pun răbdarea la încercare, unii sunt morocănoși, chiar răutăcioși, dar aceste trăsături, însă, le putem vedea la majoritatea dintre noi în unele momente. Însă, avem și bătrâni blânzi, energici, simpatici, inteligenţi, care au mereu ceva de făcut și care pot fi un exemplu pentru noi, cei mai tineri și care printr-un sfat ne pot ajută să luăm decizii corecte în viață.

Sper ca într-un viitor apropiat societatea românească să-și reevalueze valorile și priorităţile; bătrânii să ocupe un loc onorabil în societate, să fie respectaţi și trataţi cu demnitate. Bătrânii încă, și întotdeauna, vor avea ceva de spus. Și să nu uităm că deși, fiecare dintre noi ne dorim să trăim mult, mai niciunul nu vrem să devenim bătrâni; cel puțin nu un bătrân nefericit, neglijat și singur. Toți vrem să ajungem la bătrânețe, să mâncăm o pensie, dar odată ajunși în *bus*-ul bătrâneții, nu știm cum să coboarâm mai repde și să ne lepădăm de această pălărie a existenței pământești a fiecăruia dintre noi, bătrânețea, purtată către asfințitul vieții.

Vrei, nu vrei, îmbraci hainele grele ale bătrâneții, cu condiția să ajungi să numeri, cu prefixul șapte, opt sau nouă în față - anii din trenul vieții. Bătrânețea nu este frumoasă (oricât s-ar amăgi unii), că doar procesul biologic își cere drepturile și modificările fizice și fiziologice sunt ireversibile. Uzura creată de factorii interni și externi se face simțită și accentuează procesul de îmbătrânire, bătrânețea devenind o colecționară de boli și dureri interioare!

Eu cred că, bătrânețea, dacă s-ar bucura, în primul rând, de respect din partea celor mai tineri, iar bătrânii ar fi înconjurați de cei dragi, aceasta ar deveni mult mai tolerabilă și ar putea fi într-adevăr numită "the golden years"! Că, deh, vorba din popor spune: "cine nu are un bătrân, să-și cumpere!!!!"

Dragostea

*Dragostea e ca o stafie. Mulți vorbesc despre ea, dar puțini o văd
într-adevăr - Rouche Foucould*

Ce este dragostea?

Este doar un substantiv de genul feminin? Este doar un
„sentiment de afecțiune pentru cineva sau ceva; sentiment de
afecțiune față de o persoană de sex opus; iubire, amor" așa
cum este definită în dicționar?

Dragostea este un sentiment atât de profund, încât orice
încercare de a i se da o definiție în dicționare este sortită
eșecului... nu se poate cuprinde profunzimea și valoarea
acestui cuvânt în câteva cuvinte... dragostea nu are o dată de
expirare, dragostea însemnă extaz, dar și suferință, libertate,
dar și sclavie și poeții ar fi fără job, dacă dragostea nu ar
exista.

Dragostea se exprimă prin toate cele cinci simțuri, urechile
sunt ciulite, ochii sunt mari ca două cepe, se miroase, se gustă,
se atinge...

Dacă dimineața te trezești lângă persoana iubită și pe buze îți
mijește un zâmbet de fericire, atunci ești pe mâini bune -
dragostea !

Dragostea, este un tango, care se dansează începând cu

răsăritul soarelui până la apusul acestuia... este o îmbrățișare permanentă care transcede spațiul și timpul, unește două spirite în căutarea unui simplu, dar minunat cuvânt - te iubesc!

Se spune că dragostea este oarbă... ce înseamnă asta? Atunci când iubești, când ești îndrăgostit, nu mai contează nimic din ceea ce este în jurul tău, pentru tine există doar persoană iubită, contează doar că cel de lângă tine să fie fericit și să se simtă iubit. Dacă persoana de lângă tine este fericită și iubită și tu ești fericit!

Când iubești, te bucuri împreună, râzi împreună, plângi împreună, suferi împreună - totul la puterea a doua. Dragostea nu are nevoie de cuvinte mari, dragostea se simte prin toți porii, prin toată fibra ta. Un simplu cuvânt - te iubesc! - spus în timp ce îți privești persoana iubită în ochi și ținând-o de mână, înseamnă TOTUL!

Spune "te iubesc" celui pe care îl iubești în fiecare zi fără să regreți vreodată... e cel mai frumos cadou pe care-l poți face, fără să te coste nimic.

Iubirea ar trebui să fie cel mai frumos vis... să fie că un răsărit de soare... unde să fii alături de persoana iubită... pe o plajă argintie... la ocean... să fii încolăcit de persoana iubită... să tremuri lângă ea... să fii înfometat și însetat de trupul și de respirația ei... să o iei în brațe... să o sufoci cu sărutările tale... precum răsăritul de soare sărută marea... și să nu te mai trezești niciodată din acest vis!

Cea mai frumoasă definiție a dragostei pe care am auzit-o vreodată aparține unui copil de șapte ani:

„Este dragoste atunci cînd mami il vede pe tati transpirat şi mirositor şi tot îi spune că este mai frumos decât Robert Redford. " (Chris - 7 ani)

Singurătatea - o gară veche...

„Singurătatea este o gară veche/ Cu liniile scoase demult. / În ea nimeni nu vine, nimeni nu trece. / Timpul se plictiseşte aşteptând ceva ce nu se mai întâmplă, / apoi se pregăteşte de somn lung." - Dumitru Donescu

Singurătatea, această concubină fidelă de care nu te poţi îndrăgosti vreodată, doare, şi din păcate niciun medicament din lume nu o poate vindeca.

Este un virus insidios căruia nu i se poate găsi un vaccin. Singurătatea nu discriminează şi atacă pe oricine indiferent de vârstă, sex sau etnie. Solitudinea afectează calitatea vieţii şi ne poate îmbolnăvi. Paradoxal, singurătatea poate surveni şi când eşti în doi, atunci când nu mai există comunicare şi înţelegere şi când te simţi mai singur în doi, decât te-ai simţi de unul singur.

Toţi avem momente când ne simţim singuri, dar acestea sunt temporare... trupul emite nişte semnale care atrag atenţia asupra faptului că avem nevoi şi dorinţe care nu sunt satisfăcute şi de care avem nevoie pentru a supravieţui.

Sunt într-adevăr şi situaţii când vrem să fim singuri şi atunci singurătarea poate fi benefică. Ne putem aduna gândurile, medita şi analiza în linişte anumite situaţii a căror rezolvare se poate găsi în momente de solitudine. Singuratatea poate oferi momente de reflecţie, momente de introspecţie care te pot redescoperi și care te pot încărca pozitiv. Sunt momente când te poți amuza singur în propria ta companie, decât dacă ai fi în compania unor persoane plictisitoare și sâcâitoare.

Singurătatea este ca o otravă care are ca antidot conversația, ea este una dintre cele mai mari nefericiri ale bătrâneții și nu numai... ea poate fi o fericire pentru un pustnic sau un călugăr, dar este un infern pentru majoritea celor laici, care încearcă cu disperare să evadeze din acest infern numit singurătate. Sufletul se usucă și se veștejește în singurătate... își pierde mirosul cu iz de fericire și devine natură moartă.

Această stare de spirit, singurătatea, nu este o opțiune, ci un dat de cele mai multe ori.

Un studiu recent apărut în revista *Genome Biology* a arătatat că singurătatea poate modifica modul în care anumite gene functionează, determinând în persoanele care suferă de singurătate cronică un sistem imun slăbit și o putere diminuată de apărare față de boli.

Toți avem momente când ne simțim singuri din când în când, dar unii dintre noi simt acest lucru cu o foarte mare intensitate. Acești oameni sunt mai puțin sănătoși și s-a constatat că nivelul cortizolului, un hormon care reglează răspunsul la situații stresante, este mai mare la persoanele solitare.

Singurătatea este o emoție normală obișnuită, experimentată de orice om la un moment dat, și nu este un defect, însă accentuarea acestui sentiment de a te simți singur și închistarea în starea respectivă generează efectele negative atât asupra psihicului cât și asupra sănătății.

Mircea Eliade spunea: "Singurătatea este starea spirituala în care ne naștem, acea stare naturală și adevărată. Cu timpul o uităm, ne maturizăm și devine din ce în ce mai străină. Uneori, o regăsim, dar acum ne speriem, căci am devenit străini față de ea."

Ne naștem singuri și plecăm din această lume tot singuri. Venim pe rând în această lume și plecăm pe sărite.

În acest interval să tratăm singurătatea că pe o stare pasageră, care să ne fie un aliat și de care să nu ne fie teamă, dar să nu devină o stare de lungă durată care poate da depresii și care ne poate afecta santatea fizică și mentală.

Pentru fiecare dintre noi, singurătatea este resimțită în mod diferit: pentru unii este un blestem, o durere nimicitoare, iar pentru alții poate fi un rău necesar... o normalitate, o obișnuință, sau o stare de spirit.

Am fost odată inocenți

*Există inimi în care Dumnezeu nu poate privi fără să-și piardă
inocența - Emil Cioran*

Inocența - primul cuvânt care-ți trece prin minte, când te uiți
în ochii unui copil. Puritate, inocență, sinceritate, iubire și
dragoste necondiționată sunt trăsăturile de bază ce
caracterizează un copil.

Într-adevăr, copilăria este starea pură a inocenței; în sufletul
unui copil este atât de multă speranță și dragoste încât
rănindu-l i-ai omorî surâsul. Copilăria este cea mai puternică
armă împotriva răutăților adânc înrădăcinate în inimile
oamenilor. La cei mici, naivitatea este inocentă; la cei mari, ea
este inconștientă.

De ce când ne maturizăm ajungem să înlocuim iubirea cu ura,
inocența cu parșivitatea, sinceritatea cu minciuna sau
dragostea cu gelozia. De ce nu putem fi și la maturitate
inocenți, iubitori, sinceri și empatici? De ce ajungem să fim,
unii dintre noi, monștri cu chip uman? De ce ne transformăm
pe parcursul câtorva ani din suflete pure și frumoase în suflete
nepăsătoare, pline de ură, gelozie și invidie?

Sunt oare aceste „calități" genetic impregnate la naștere - care
sunt în stare latentă pe perioada copilăriei și se trezesc la
realitate când devenim adolescenți și maturi? Sau se dezvoltă

pe parcus? Poate acest evil chiar există și își intră în drepturi la început de adolescență și atacă precum o carie sufletul uman. Să fie banul rădăcina acestui evil ?

Căutând un răspuns, m-am oprit asupra „Genezei 3" și am descoperit o explicație plauzibilă... probabil ca cei cu teoria Darwin nu vor fi de acord, dar nu putem ajunge toți la unison, fiecare vede lucrurile prin prisma lui și fiecare are convingerile lui. Pierderea inocenței, păcatul lor și noile lor raporturi cu Dumnezeu și unul cu altul sunt exprimate prin tema conștientizării goliciunii. Înțelegem deci că ei nu conștien-tizaseră până atunci, în inocența lor, că sunt goi, ci li se părea firesc să fie așa și nici nu se gândiseră la lucrul acesta. Acum nu numai că se gândeau la lucrul acesta, ci erau copleșiți de rușine din această cauză... INOCENȚA a dispărut din acel moment...

Ne-am născut goi și inocenți, dar cu timpul am îmbrăcat diverse haine, mai parșive, care s-au mulat pe suflet și au pângărit puritatea avută odată, când eram copii și neprihănirea era ceva natural și firesc.

Rațiunea, sentimentele, resentimentele și grijile au ocupat locul inocenței, dar prin dragoste și înțelepciune se poate reveni la o altă formă de inocență, o formă mai profundă decât cea inițială pe care am avut-o cînd eram copii. Când ne maturizam, cuvinte ca inocență, puritate, candoare și castitate devin demodate și sunt uitate într-un raft prăfuit al timpului trecut.

Când plângem, involuntar ne întoarcem la inocență, lacrimile fiind o formă de inocență a revoltei acumulate în noi, și prin lacrimi ne descătușăm și ne purificam sufletul încărcat de durere. Inocența copilariei, fuse și se duse, este irecuperabilă, nu o mai putem "updata" când ajungem maturi, dar prin dragoste, înțelepciune și rațiune se poate regăsi sensul ei inefabil.

Așadar, noi suntem inocenți, nu suntem vinovați cu nimic... suntem niște victime, niște urmași ai unei situații nefericite, a unei decizii greșite, a unei curiozități tragice din care se pare că nu mai există ieșire. Eva este de vină și, *of course*, șarpele... Oare așa o fi?

Cum ne putem reîntoarce către inocența pierdută?

Invidia

Numai după invidia celorlalți, îți poți da seama
de propria ta valoare. -Tudor Mușatescu

Invidia, aceasta târfă unisex cu buzele tivite, a fost, este și va fi o trăsătură carateristică multor românași mediocri, refulați și frustrați. Aceastei curve unisex – invidia - nu trebuie să-i plătești „favorurile", ea vine gratis la tine și încercă să te prostitueze și să te tragă în jos, în mocirla prostituției morale, etice și intelectuale. Tot ce atinge această târfă unisex, care nu discriminează pe nimeni, se transformă într-un closet ambulant plin de dejecții umane.

Invidioșii nu au bariere geografice, de vârstă, ocupație sau sex... ei mișună printre noi și sunt gata să te tragă în jos, dacă cumva îndrăznești să scoți capul și să te ridici mai sus decât ei. Invidia la românași se mănâncă pe pâine și este un modus vivendi pe care-l adoptă din inerție și se transmite din generație în generație. Tot ce este pur, inteligent și frumos este trântit în mocirla invidiei și a mediocrității, de frustrații mioritici, imbecilizați de micimea lor și hipnotizați de propria lor non-valoare. Fără invidie, caracterul multora dintre românași ar fi prea curat și imaculat. Ei nu pot trăi fără a mușca din zona fesieră a celui care s-a ridicat deasupra lor, fără a lătra în pustiu la realizările fie ele materiale sau spirituale, ale unor românași care refuza mediocritatea și îndrăznesc să scoată capul din mocirla, privind înainte cu seninătate, alegând o cale în care să purceadă drept şi să biruie orice furtună. Invidiosul nu concepe ca altcineva să iasă din mocirla unde el sălăşluieşte de-o viaţă, se agaţă cu disperare de turul pantalonilor tăi, te muşcă şi se încleştează de tine, precum un buldog turbat. Dacă reuşeşti să te debarasezi de invidiosul cel patetic şi frustrat, el nu renunţă la lupta cea mare şi caută orice altă cale de a te mânji cu noroi, de a te compromite cu atacuri josnice *ad-hominem*, de a te aduce în mocirla unde-şi face veacul.

Invidiosul nostru, cel de toate zilele, este încăpăţânat şi perseverent, nu te lasă din menghina sa plină de refulări şi neîmpliniri, încearcă ca un disperat scelerat să te îndoaie şi să te lovească mişeleşte pe la spate, să-ţi înfigă pumnalul invidiei între coaste, să te paralizeze cu invidia sa letală.

Ceea ce nu realizează invidiosul, este ca prin toate aceste mojicii mioritice, de saltimbanc penibil, nu face decât să se afunde şi mai mult în mocirla imbecilităţii şi a frustrării fără de ieşire. În disperarea lui de a te trage înapoi, invidiosul se îneacă în propria să netrebnicie şi se scufunda fără a mai reuşi să evadeze vreodată din spaţial mocirlos; sucumbă în propria sa mârlănie şi mojicie.

Invidiind pe cineva, în fapt îi recunoşti superioritatea şi îţi recunoşti înfrângerea. Invidia este mai rea decât foamea... Pe aceşti fomişti (invidioşi) pe succesul altora, îi aşteaptă o viaţă searbădă, plină de frustrări şi vor sfârşi cu burţile goale, dar pline de venin şi răutate. Şi desigur fără prieteni!

Eschil spunea: „Cine nu este invidiat, nu este vrednic a trăi".

Retrosexualul – the real man?

Majoritatea dintre noi suntem familiarizați cu termenul de „metrosexual", dar, puțin știu că, în ultima vreme avem de-a face cu un nou specimen masculin, pe numele său de botez-retrosexualul.

În anul 1994, Mark Simpson, a fost primul care a scos pe piață cuvântul metrosexual, care în fapt, după opinia sa, reprezintă un tânăr care locuiește în mediul urban, cu un venit peste mediu și care își dedică mult timp și bani înfățișării sale fizice, David Beckam fiind *the metrosexual poster boy* pentru comunitatea metrosexualilor.

Un metrosexual - pentru cei mai puțin avizați - poate fi recunoscut după unghiile lăcuite, sprâncenele pensate și prin preocuparea excesivă de a elimina de pe corp orice pilozitate, epilarea fiind una din activitățile extracurriculare ale metrosexualului. Din punct de vedere vestimentar el este totdeauna în trend și up to date cu noile apariții în modă.

În ultima vreme însă, își face apariția "pe piață", un nou specimen masculin - retrosexualul - ai cărui reprezentanți de marcă sunt: Russell Crowe, Vince Vaughn, Kid Rock, Ashton Kutcher, Orlando Bloom, Nicolas Cage, Bruce Willis și Harrison Ford, ca să amintesc doar câteva nume mai cunoscute. Însă, STEVE McQUEEN, rămâne *the retrosexual poster boy*, fiind cel mai *cool* dintre toți masculii acestui nou trend urban.

Retrosexualul – bărbatul tradiţional

Definiţia dată de Webster Dictionary: *A man who adopts a traditional masculine style în dress and manners.* (Un bărbat care adoptă o ţinută tradiţională masculină ca stil şi ca maniere.)

"Think of him as the anti-metrosexual, the opposite of that guy who emerged în the 1990s în all his pedicured, moussed-up, skinny-jeans glory. That man-boy was searching for his inner girl, it was argued. The retrosexual, however, wants to put the man back into manhood" - Lini S. Kadaba, Philadelphia Inquirer, Apr. 7, 2010 (El este opusul metrosexualului - acel tip de mascul efeminizat, bărbatul-copilaş, în căutarea părţii feminine interioare - care este preocupat de pedichiură, este gelat şi poartă blugi strânşi pe picior. Retrosexualul însă se vrea bărbatul adevărat care vrea să reinstaureze bărbăţia adevărată.)

Unele femei s-au săturat de atâta feminitate la masculii metrosexuali şi vor un macho man, cu păr pe piept şi cu barbă nerasă de 3 zile, dar în acelaşi timp, elegant, curat, manierat, viril şi cu o atitudine puternică.

Retrosexualul ştie cum să trateze o lady

Prefixul „retro", care înlocuieşte prefixul "metro", de la metrosexual, se referă la trecut şi are o implicaţie de valoare tradiţională masculină.

Retrosexualitatea este o atitudine şi cei care îmbrăţişează acest trend cred că acţiunile şi convingerile lor au o voce mai puternică decât stilul de îmbrăcăminte sau preocuparea excesivă cu aspectul fizic adoptat de unii.

Retrosexualul - bărbatul adevărat, după părerea unor femei - știe cum să trateze și să respecte o lady, nu o va lasa niciodată să plătească consumația la prima întâlnire și întotdeauna le va deschide portiera la mașină.

Pentru un retrosexual contează calitatea vieții, contează CUM trăiești, nu CÂT trăiești. El nu își dorește să atingă 90 de ani, dar dacă cineva ajunge la 90 de ani și încă mai fumează și mai bea whiskey, retrosexualul își scoate pălăria în fața lui în semn de respect.

Cuvântul unui retrosexual nu necesită un contract scris, este suficientă o strângere de mână.

Sunt unele voci care asociaza retrosexualul doar cu: bere, sex și fotbal! Este adevărat că retrosexualul este un mare consumator de bere, sex și fotbal, dar este injust să pui o etichetă atât de generală și de frivolă unui caracter mult mai complex și mai versatil. Un retrosexual va ști să facă și pe gentlemanul într-un mijloc de transport aglomerat; el va ceda locul unei femei mai în vârstă sau unei femei însărcinate, după care se va uita în jurul său cu dispreț către ceilalți rostind un sec:"You punks"!

Retrosexualul este un om de onoare și de cuvânt. Cuvântul unui retrosexual nu necesită un contract scris, este suficientă o strângere de mână, care va garanta și va sigila respectarea contractului!

El nu este un snob, precum un metrosexual, și niciodată nu vei vedea un retrosexual care, la vârsta de 30 de ani, să-și cumpere țoale de Hot Topic, deoarece el preferă stilul clasic, nesofisticat, dar elegant. Un retrosexual care se respectă știe să facă un nod la cravată, și nu orice nod, ci Windsor nod! El știe să desfacă o bere în mai puțin de cinci secunde, chiar dacă nu are la îndemână un desfăcător – atunci el va folosi cureaua de la pantaloni.

Un retrosexual mănâncă carne roșie, dar preferă, ca *macho man* ce este, să-și vâneze și să-și omoare pradă singur. Retrosexualul are câteva cicatrici cu care să se poată lăuda și să scoată în evidența esența sa de *tough guy* (tip dur).

În baie, el are o garderobă simplă, nu are produse cosmetice la kilogram, de fapt are o trusă clasică care conține strictul necesar: ustensile de ras, gel de duș și șampon.

De regulă, el face dus, se bărbierește și iese imediat, nu își face „concediul" în baie și nu petrece mai mult timp decât o femeie (vezi cazul metrosexualului).

Un retrosexual preferă un look cu o barbă nerasă de trei zile, nu merge la *hair stlylist*, ci la frizer, nu se epilează, ci își etalează cu mândrie părul de pe piept în fața sexului frumos.

Nu se uită la filme cu gay și ia decizii de unul singur

Când este în trafic și nu găsește o destinație, el niciodată nu va întreba pentru direcții, și chiar dacă îi va lua puțin mai mult, el se va descurca singur, fără ajutor din afară. Deh, orgoliul masculin în acțiune...

La volan, viteza cu care circulă un retrosexual este cu 10% peste viteza legală - absolut tot timpul. Un retrosexual care se respectă, nu se va uita niciodată la filme unde personajele principale sunt gay și din filmoteca sa nu vor lipsi filme ca:

Rambo I or II, the Dirty Dozen, The Godfather trilogy, Scarface, The Road Warrior, The Die Hard series, Caddyshack, Rocky I, II, or III, Full Metal Jacket, any James Bond Movie, Raging Bull, Bullitt, any Bruce Lee movie, Apocalypse Now, Goodfellas, Reservoir Dogs, Fight Club, etc.

Retrosexualul plânge foarte rar, dar niciodată la filme gen soap opera sau la reclame TV. Nici în cazul în care echipa sa favorită de fotbal pierde un meci, retrosexualul nu se va exterioriza apelând la lacrimi, ci va prefera să înjure şi să arunce cu telecomanda.

Retrosexualul ia decizii de unul singur, nu are nevoie de câteva ore să se consulte cu prietenii, să consulte horoscopul sau să se îngrijoreze de *feng shui*.

Un retrosexual are o minte care este foarte aerisită... nu este ca cea a unei femei plină de anxietate, care este îngrijorată de cum să-şi aranjeze părul sau cum să aibă grijă de greutatea sa sau cu ce ţoale să se îmbrace... sau ce pantofi să încalţe... etc...

Concluzia

Putem concluziona că retrosexualul pe lângă faptul că este avid consumator de bere, sex şi fotbal, el este şi un gentleman, dar în acelaşi timp poate fi şi un *macho man* care poate fi şi dur. El este un tip cu clasă, care se îmbrăca simplu şi care ştie să curteze şi să aprecieze o femeie; gentileţea, romantismul nu sunt date la o parte, ci doar asociate unui puternic stil masculin, viril, care emană o atitudine dominantă.

El este tipul care poate fi feroce la nevoie, care este capabil să taie copaci, dar şi să mesteşugărească prin casă şi la nevoie să

73

sară în apărarea unor ladies aflate în situații mai delicate. Sunt voci care susțin că cei care au acest stil de viață sunt născuți să fie așa, au retrosexualitatea impregnată în ADN-ul lor, fiind destul de greu să te transformi pe parcursul vieții într-un retrosexual veritabil.

Fericirea – o destinație?

Fericirea este un fluture, care, atunci când este urmărit, este întotdeauna la un pas de a fi prins, dar dacă stai liniştit, se poate aşeza pe tine. - Nathaniel Hawthorne

Ce este fericirea? Ce te face fericit? De câte ori nu ne-am adresat această întrebare? Ați găsit rețeta fericirii?

Definiția fericirii din dictionar: Fericire, fericiri, s. f. Stare de mulțumire sufletească intensă şi deplină.

Pe aceastǎ temǎ s-au scris cǎrți, s-au scris dizertații ample şi sunt sigur cǎ multe din rândurile pe care le voi scrie, au mai fost scrise şi de alții dinaintea mea, dar simt o nevoie cathartică de a-mi exprima propria-mi opinie. Un lucru însǎ este cert: nu existǎ rețetǎ universalǎ, sau un tratat despre fericire care sǎ poate fi citit, asimilat şi pus în practicǎ!

Fericirea este inodorǎ, insipidǎ, incolorǎ şi amorfǎ... este ceva intangibil, ceva care nu se serveşte la pachet şi nu se poate stoca şi dupǎ care alergǎm toatǎ viața. Fericirea - precum dragostea şi sǎnǎtatea - nu se poate cumpǎra cu bani, nu se poate face bart, nu se vinde la tarabǎ, ci se dobândeşte individual, se trǎieşte personal şi nu se poate prescrie o rețetǎ universalǎ. Nu te uita peste gard, nu cauta fericirea în grǎdina vecinului pentru cǎ fericirea se aflǎ în ograda ta.

Alexandre Dumas spunea: „Nu existǎ nici fericire, nici

nenorocire pe lume; există doar compararea unei stări cu cealaltă, și atâta tot. Doar cel care a simțit nefericirea cea mai cumplită este în stare să simtă cea mai mare fericire".

Cel care a suferit o mare nenorocire, este cel mai bun judecător al fericirii, el știe să aprecieze și să găsească momentele de fericire în cele mai banale lucruri și situații. Fericirea se poate găsi și într-un simplu firicel de nisip, o adiere de vânt, un râs de copilaș, în torsul sacadat al unei pisici, într-o plimbare prin ploaie, în zâmbetul unui copil, în răsăritul sau apusul de soare, într-o plimbare desculț pe plajă, sau o bătaie cu perne cu partenerul tău sau copiii tăi.

„Noi căutăm cu toții fericirea, însă fără să știm unde este, ca și acei bețivi care își caută casa, știind confuz că au una pe undeva"- Voltaire. Dar odată găsită, am vrea să nu ne mai trezim din mahmureala fericirii și să transformăm aceste momente de fericire într-o stare permanentă. Fericirea nu este o destinație, nu are gară, nu are o statie, ci este un drum sinuos presărat cu plăceri mărunte. Fericirea poate fi văzută ca o stare de euforie de moment, datorată unei situații în care am realizat ceva extraordinar sau o stare de mulțumire de moment. Pentru ca să ne simțim împliniți emoțional, trebuie în primul rând să fim sănătoși și să aveam un oarecare confort financiar.

A nu se confunda fericirea cu bucuria, o stare de moment de scurtă durată, un sprint pe 100 de metri, pe când fericirea, este o stare de lungă durată, un maraton dacă vreți. Bucuria poate fi anticamera fericirii, toți avem parte de momente agreabile și plăcute care ne dau o stare de bine și este necesar să conștientizam aceste momente scurte și efemere, pentru că ne duc către poarta fericirii. Fiecare dintre noi are o viziune personală asupra fericirii și de aceea nu se poate da o rețetă care să fie aplicată de către toți și să se obțină aceleași rezultate.

Fericirea fiecărui individ depinde cât de evoluat sau involuat este, sau cât de inteligent sau mai puțin este. Toți avem momente de fericire și contează să știi să te bucuri de ele cât timp poți. Sunt persoane care au un șablon mental cam cum ar trebui să arate fericirea și aceste persoane nu sunt fericite nici în cele mai frumoase clipe, pentru că ei tind și speră la ceea ce nu au și nu realizează că aceste clipe de bucurie sunt trepte către fericire. Bucură-te de ce ai, când poți și cum poți!

Dragostea poate aduce momente de fericire atunci când partenerii sunt independenți și se iubesc în proporții aproximativ egale. Banii aduc și ei clipe de fericire, dar nu sunt un panaceu care să-ți asigure o fericire pe termen lung.

Fericirea există pentru că există tristețea. Nu pot exista una fără cealalată, pentru că altfel cum am mai cunoaște ce este fericirea și cu ce se mănâncă? Trebuie, ca în orice, să existe un opus: bun-rău, viață-moarte, cald-rece, frumos-urât, prost-deștept, etc. Se zice că iubești cu adevărat persoană de lângă tine, atunci când ai fi în stare să o lași să plece de lângă tine pentru a-și căuta fericirea, în cazul în care nu ar fi fericită cu tine. Acest lucru ar fi ultima dovadă de iubire și de lipsă totală de egoism.

„Fericirea cuprinde cinci părți. O parte este a lua hotărâri bune; a doua este a avea simțuri bune și sănătate trupească; a treia este reușită în ceea ce întreprinzi; a patra-i reputația printre oameni și a cincea, abundența de bani și a bunurilor folositoare pentru viața." – Platon

Prietenul adevărat,

o orhidee pentru suflet

Alături de un prieten adevărat este cu neputința să ajungi la deznădejde. – Honore de Balzac

PRIÉTEN, -Ă, prieteni, -e, s. m. și f. Persoană de care cineva este legat printr-o afecțiune deosebită, bazată pe încredere și stimă reciprocă, pe idei sau principii comune; amic (cf. DEX-ului).

O definiție foare sumară și laconică, deoarece, în opinia mea, prietenia este mult mai complexă și nu poate fi definită în câteva cuvinte; în fapt, prietenia nu se definește în cuvinte, ci se simte, se trăiește și se experimentează zi de zi.

Este foarte dificil să fii singur în viață și să navighezi prin Marea Vieții fără să ai măcar un prieten căruia să i te confesezi, să împarți bucurii, dar și necazuri, și pe al cărui umăr să plângi, la nevoie.

Cum recunoști dacă îți este într-adevăr prieten?

Simplu: El nu te va lasă niciodată la greu. Este atent, știe și simte când îți este greu și când ai nevoie de el. Ușa lui este întotdeauna deschisă pentru tine, gata să te primească cu dragoste și un sfat prietenesc în momente de restriște. Un prieten adevărat te va ajuta să treci peste necazuri, îți va arăta că există soarele după nori și te va motiva să mergi mai departe. Inima lui va vibra cu inima ta, va râde cu inima ta și va plânge, când este nevoie, cu inima ta.

El simte când nu îți este bine, iar durerea ta va fi și durerea lui. Este blând, generos, credincios și iertător. Un bun prieten nu va fi un fariseu, va fi sincer și direct cu tine, chiar dacă uneori adevărul poate fi dureros.

Cine este un bun prieten?

- cineva care va fi alături de tine și te va sprijini necondiționat;

- cineva căruia te poți încrede și nu te va judeca;

- cineva care nu te va răni și nu te va umili niciodată și îți va arăta doar respect și bunătate;

- cineva care te va iubi, nu pentru că trebuie să te iubească pentru că ești prietenul lui, dar pentru că așa simte;

- cineva a cărui companie o apreciezi și de a cărui loialitate te poți baza;

- cineva care te face să râzi și cu care poți râde împreună;

- cineva care îți aduce un zâmbet pe buze;

- cineva care va plânge cu tine când tu plângi;

- cineva care îți va da geaca după el când îți va fi frig;

79

- cineva care nu renunța niciodată la tine indiferent de furtuna care se abate asupra ta.

"What is a friend? A single soul in two bodies." (Ce este un prieten? Un singur suflet într-un singur corp.)

Poți avea zeci, sute de cunoștințe, dar numai câțiva vor fi prieteni adevărați. Un prieten adevărat va vibra la unison cu sufletul tău într-unul singur. Va rezista oricăror adeversități și va fi de nezdruncinat. O adevărată prietenie este un monolit care nu poate fi răsturnat de nicio calamitate.

Durerea, tristețea sau bucuria se simt de ambele corpuri într-unul singur. Nu mai există Eu si TU, ci Noi!

Am să fac o scurtă paranteză și o mică observație, vis-a-vis de fenomenul social de proporții cosmice care a monopolizat și a denaturat cuvântul prieten - Facebook.

Există o distanță de mii de kilometri între un prieten adevărat și un prieten de Facebook. În Facebook termenul de prieten este în fapt un „contact". Mulți și-au făcut un titlu de glorie în lumea virtuală și se bat cu cărămida în piept că au mii de prieteni! Să nu confundăm un prieten, cu o cunoștință, coleg sau cu un tovarăș. Majoritatea așa-zișilor *friends* pe FB, sunt în fapt niște banale contacte.

Oare câți dintre acești mii de *friends* cu care se lăuda unii, s-ar trezi la ora 1 noaptea și ar veni la tine acasă, dacă ți-ar fi rău sau dacă ai trece printr-o criză emotinonala majoră?

The answer my friend is... și aici puteți completa voi spațiile de suspensie.

Dar să nu divagăm!

"A true friend stabs you in the front." (un prieten adevărat te va înjunghia din față) — Oscar Wilde. Adică, un adevărat prieten îți va spune adevărul în față indiferent dacă acest adevăr te va înjunghia precum un pumnal. Un adevărat prieten îți va spune deschis părerea lui, dar gentil și cu tact, și niciodată nu te va bârfi pe la spate.

Un prieten adevărat nu se va teme să îți spună direct și în față dacă faci ceva greșit. El va fi un critic constructiv și nu te va lăsa să o iei pe arătură, te va trage de mânecă și îți va arăta poteca cea bună.

Un prieten adevărat știe să ierte și va ierta. Toți suntem oameni și toți greșim. Dar dacă realizezi că ai greșit și îți ceri scuze, un prieten adevărat va ști să ierte. Totul este să nu perseverezi în același tip de greșeli, ci să înveți din ele. Adevărații prieteni îi numeri pe degetele de la o mână, uneori și o mână este prea mult... restul sunt amici, colegi sau parteneri de bârfă.

"Un prieten adevărat îți știe slăbiciunile, dar îți arată calitățile, îți simte temerile, dar îți întărește credința, îți cunoaște îngrijorările, dar îți eliberează spiritul, îți recunoaște defectele, dar îți subliniază posibilitățile." William Arthur Ward

Plâng, deci exist

*Poate că ochii noştri au nevoie să fie spălaţi de lacrimi din când în
când, ca să putem vedea viaţa mai clar după. – Alex Tan*

Ce este plânsul? Un orgasm emoţional intens? O formă de
paroxism atinsă de un suflet măcinat de tribulaţii şi suferinţe
interioare manifestată printr-un izvor de lacrimi?

Plânsul, precum şi râsul, nu discriminează pe nimeni,
indiferent de vârstă, sex sau de poziţie socială. Toată lumea
plânge. Plânsul nu este o slăbiciune sau o lipsă de demnitate,
omul fiind singurul animal care plânge şi care râde.

Plânsul este catartic şi studiile de specialitate au arătat că în 9
din 10 situaţii, lacrimile au fost benefice şi sunt un mod bun
de defulare a trăirilor şi tribulaţiilor interioare care macină
sufletul. Plânsul este ca o staţie de epurare, care curăţă
dejecţiile şi mizeriile acumulate şi care lasă în urmă sa un
suflet mai curat, mai liniştit şi mai purificat.

La fel ca şi în natură, când după ploaie de multe ori apare
soarele, flancat de curcubeul care zâmbeşte printre nori, aşa şi
în viaţă, după o „ploaie" de plâns, te simţi mai relaxat şi
uneori îşi face apariţia şi soarele - sub forma unui zâmbet.

Şi tot conform unor studii de specialitate, după o repriză
sănătoasă lacrimogenă, starea de spirit se îmbunătăţeşte, şi
soarele începe să mijească la orizont pe uliţa celor care au

deschis supapa și au lăsat durerea și presiunea sufletească să se defuleze printr-o ploaie de lacrimi.

Biologic, corpul simte nevoia de a se elibera prin lacrimi și de a ejecta substanțele nocive și chimice care subjuga organismul și care se acumulează în perioadele de stres și de durere interioară.

Plânsul este ceva intim și foarte personal... fiecare alege să plângă în felul său; unii se refugiază și își defulează durerea acumulată într-un cadru strict intim și personal, alții simt nevoia să plângă pe umărul celui drag, simt nevoia să fie consolați și susținuți de către cei mai apropiați.

Plângem din mai multe motive: plângem de bucurie, bucuria unui examen luat sau a unei reușite sportive sau plângem de bucurie la nunta copiilor noștri... În aceste situații sufletul zâmbește și râde de fericire prin intermediul lacrimilor cristaline.

Însă, sunt situații când plângem din motive mult mai serioase: plângem din cauza unei dureri fizice, plângem la o moarte în familie, plângem în urmă unei dezamăgiri în dragoste, plângem în urmă unei concedieri de la *job* sau plângem în urma unui divorț... De această dată, lacrimile au un alt rol: purifică sulfetul încărcat de durere și încearcă să balanseze psihicul zdruncinat și afectat de aceste emoții și trăiri puternice.

Această reacție fizică, plânsul, este absolut normală și ajută la echilibrarea psihicului măcinat de durerile interioare. A-ți înfrânge și a-ți înăbuși lacrimile care încearcă să deschidă supapa sufletului plin de tribulații și de acumulări interioare dureroase, este ca și cum ai încerca să înoți împotriva curentului, și, eventual, lacrimile tot vor ieși cumva la suprafață, cu sau fără „aprobarea" ta... este felul organismului de a reacționa, precum anticorpii care acționează împotriva unei infecții, la fel și lacrimile deschid supapa sufletului și-l curăță de supărările refulate.

Plânsul este sănătos, dar nu este răspunsul la rezolvarea problemelor cu care ne confruntăm. Totuși, ne eliberează și ne rebalansează psihicul zdruncinat de anumite evenimente nefericite din viața noastră; ne readuce acel echilbru psihic de care avem nevoie pentru a putea funcționa la parametrii nominali.

Ne naștem plângând și murim lăsând în urma noastră pe alții... plângând. Pe parcursul vieții, plânsul este o descătușare necesară care înregistrează trăirile și emoțiile interioare, iar când acestea ating punctul iminent, se declanșează „supapa de avarie" și se eliberează surplusul emoțional negativ acumulat în timp. Astfel se readuce psihicul pe linia de plutire, și dacă este folosit în cantități moderate, plânsul este o terapie sănătoasă pentru suflet.

OPINII

Eu, cu cine mai votez?

După mai bine de 20 de ani, o nouă tentativă de defulare şi descătuşare la nivel naţional, încearcă timid să iasă la rampă... o rampă care, din păcate, ar fi trebuit să fie folosită în 1990, când însă, marea şansă a fost ignorată... atunci „nu ne vindeam ţara" şi îi vedeam pe Ion Raţiu şi Câmpeanu (contra-candidaţii lui Iliescu la preşedinţie) ca pe un big „bau-bau". Acest „bau-bau" venea bine abţiguit din străinătate şi nu mâncase salam cu soia, şi intenţia sa de a ne „fura revoluţia" şi de a-i învăţa pe români cu se se mănâncă democraţia, a fost tratată cu „sanchi" de românii ameţiţi de retorica patetică a liderului emanaţiei post-revoluţionare, Ion Iliescu.

Dacă ne uităm puţin în oglinda retrovizoare a timpului, observăm că, de peste 20 de ani, suntem la mâna unui singur partid, a unei hidre cu două capete, acest FSN emanat după vărsarea inutilă de sânge din '89, care s-a divizat în PSD şi PD, după ce copilul de suflet al bunicuţei John, nea Petrică, şi-a luat bocceluţa în '96 şi şi-a format al său PD.

Singura excepţie a fost în anul 1996, când s-a încercat o schimbare iniţiată de seniorul Coposu, cu al său PNŢCD, pe post de locomotivă a Convenţiei Democratice. Din păcate, seniorul a murit prea repede ca să poată schimba ceva într-o societate dominată de ex-comunişti şi ex-securişti. Convenţia, şi a sa locomotivă PNŢCD, au deraiat lamentabil şi societatea românească a intrat din nou pe mâinile bunicuței, Papa John, care în 2000 s-a instalat din nou la cârma corabiei aflată în derivă din '89. Tot în acel an, 2000, Petrică a fost detronat de matelotul șef, Traienică, care a preluat PD-ul și l-a unit cu PLD-ul lui nea Stolo și au creat actualul PDL... un PDL, fost PD, născut din pântecele FSN-ului, în anul 1996.

După 2004 începe hegemonia lui nea Băse. În anul 2004 l-a pus cu botul pe labe pe Năstase – patru case, alias Bombonel, după care l-a lăsat pe prostănac, nea Mirciulică Geoană, să se bucure pentru câteva ore de președinție în anul 2008, președinție care i-a fost suflată de sub nas imediat a doua zi, când rezultatele l-au validat din nou pe primul cârmaci al țării, nea Băse.

Așadar, practic, suntem conduși de emanația de după '89 de mai bine de 16 ani... singura excepție, încercarea seniorului Coposu în '96, fiind un eșec total, datorat în mare parte dispariției acestui titan. Ce mă sperie cel mai mult este lipsa unei alternative viabile care să dea jos această hidră cu două capete, PSD-PDL, care domină eșichierul politic și subjugă românii de mai bine de 16 ani.

Ce mai avem? Un PNL obosit, fără busolă, fără carismă și cu moguli în spate, care se aliază cu capul cel mare al hidrei, PSD, dând naștere unui monstru pe numele său de botez, USL, un USL, sortit eșecului. Mai încearcă să muște din plăcintă, și DDD cu al său OTV, postul de televiziune pentru cei cu un IQ sub 100, pentru frustrați și imbecili care pun botul la savarină, neavând altceva ca desert.

În ultimele zile, acest cavaler al tristei figuri, PDLul, se vede pus la zid de către plebea românească care a îndurat prea mult, dar, din păcate, momentul este prea târziu și alternativa politică USL - această struțo-cămilă, un „bad joke", care, la rândul ei, a călărit și ea națiunea românească – este o alternativă la fel de rea și fără nicio credibilitate.

România, țara tristei figuri, este *groggy* și nu își mai poate reveni din pumnii încasați din partea acestei hidre PDL-USL, care a supt și a călărit până la epuizare întreaga națiune românească. România, din păcate, se află în ceasul al 13-lea și o soluție, nici măcar de avarie, nu mai există. Însă, românul de rând, cocoșat de sărăcie și de durere, încearcă să se facă auzit și să trimită un mesaj simplu, dar ferm: „Nimeni nu rămâne sus pe piedestal *forever*! Cu cât ești mai sus, cu atât căderea va fi mai dureroasă!"

Soluția? Mă tem, că momentan nu mai există... dar, cum speranța - *fără speranță nici chiar disperarea nu ar fi posibilă, iar omul nu ar dispera dacă nu ar spera* (Giacomo Leopardi) – moare ultima, rămâne să sperăm în apariția unui Prinț care să o sărute pe Alba ca Zăpada (România) și să o trezească din somul cel de moarte, o trezire la o viață decentă și demnă.

Mihai Eminescu, marele nostru poet național spunea:

„Și acum priviți cu spaimă fața noastră sceptic-rece,
Vă mirați cum de minciuna astăzi nu vi se mai trece?
Când vedem că toți aceia care vorbe mari aruncă
Numai banul îl vânează și câștigul fără muncă,
Azi, când fraza lustruită nu ne poate înșela,
Astăzi alții sunt de vină, domnii mei, nu este-așa?
Prea v-ați atătat arama sfâșiind această țară,
Prea făcurăți neamul nostru de rușine și ocară,
Prea v-ați bătut joc de limbă, de strămoși și obicei,

Ca să nu s-arate-odată ce sunteți – niște mișei!
Da, câștigul fără muncă, iată singura pornire;
Virtutea? e-o nerozie; Geniul? o nefericire."

Nimic mai aproape de adevăr, față de situația din ziua de azi...
Eu aș încheia, tot cu un pasaj din Scrisoarea a III-a de Mihai
Eminescu, vis-a-vis de hidra bicefală, PDL - USL...

"Cum nu vii tu, Țepeș doamne, ca punând mâna pe ei,
Să-i împarți în două cete: în smințiți și în mișei,
Și în două temniți large cu de-a sila să-i aduni,
Să dai foc la pușcărie și la casa de nebuni!"

Miorița

Mioriță laie,
Laie, bucălaie,
De trei zile'ncoace
Gura nu-ți mai tace!
Ori iarba nu-ți place,
Ori ești bolnăvioară,
Draguță Mioară.

Balada Miorița ne caracterizează perfect ca popor și mentalitate. Am fost călcați de tătari, de turci, de austro-ungari, călăriți și subjugați de comuniști... până când sindromul mioritic s-a impregnat genetic și nu ne mai revenim din această stare mioritică; ne curg prin vene resemnarea și blazarea.

Românașul se regăsește în balada Miorița fie ca un resemnat al sorții (vezi soarta ciobanașului Moldovan), fie ca unul pus pe capătuiala, mânat de invidie și de dorința de a avea ceea ce are aproapele lui, precum ciobanașul Vrâncean și cel Ungurean. Românașul cel mioritic, este genetic marcat și ale sale sinapse poartă amprenta Baladei Miorița!

Ca și în viață, unii sunt sus, pe un piedestal virtual, la care plebea - cei asemenea ciobănașului Moldovan - nu poate aspira și se resemnează. Ei au un statut social de plebeu oropsit și resemnat, în timp ce alții, precum ciobanașul

Vrâncean și Ungurean, se regăsesc printre noi și ies în evidența prin mitocănie, japcă, invidie și meschinărie. Aceștia au un loc rezervat, undeva pe un tron regesc, de unde domnesc cu nesimțire și grosolănie peste plebea resemnată și prea obosită de a mai lua berbecul Vrâncean sau Ungurean de coarne.

Mojicia a luat locul valorii, mitocănia este substitutul caracterului curat, iar contul în bancă decide și are putere de viață și de moarte asupra oropsitului mioritic. Valorile se află la baza piramidei, pe când cocalaria și parvenitismul se află în top, râzându-le în nas celor educați, corecți, cinstiți și cu bun simț.

Se pare că românașul a fost făcut să sufere și să se autocompătimească în tăcere... a fost o singura descătușare majoră... și aici mă refer la manifestarea de amploare din '89, singura excepție, care însă, confirmă regula. Românul se comportă mioritic și își privește resemnat și blazat soarta... el știindu-și deja destinul de care crede că nu poate scăpa și renunță la orice fel de luptă.

De aceea mulți aleg pribegia prin străinătăți în căutarea unor pășuni mai verzi și mai ospitaliere, departe de cruzimea celor precum ciobanașul Vrâncean sau Ungurean. Vocea lui însă, nu se mai aude pe plaiurile mioritice, fiind înabușită de hăhăitul și behăitul ciobănașilor căpătuiți.

Proxenetism politic – *made in Romania*

Politica se presupune a fi, ca și vechime, cea de-a doua meserie din lume. Am ajuns să îmi dau seama că se aseamănă foarte mult cu cea dintâi. - Ronald Reagan

Politica din România a devenit o formă de proxenetism legalizat, în care poporul român este tratat și dijmuit precum o curvă de lux. Toți am sperat că după 1989 vom gusta din fructul, până atunci interzis, al democrației occidentale și speram (naivii de noi) că odată cu poposirea așa-zisei democrații, și a noastră viață să se „altereze" spre mai bine.

La noi se pare că, totuși, cuvântul democrație - care conform DEX-ului, ar fi trebuit să însemne "o formă de organizare și de conducere a unei societăți, în care poporul își exercită (direct sau indirect) puterea - are, din nefericire, o cu totul altă conotație. Se pare că *demos* nu mai înseamnă popor, ci o mână de parveniți, și *kratos* înseamnă încă putere, dar puterea este în mâna celor care asupresc și sug de la vulg.

Frank Field spunea că: "Democrația nu va mai putea să funcționeze atâta timp cât politicienii de doi bani vor continua să se considere ca o rasă aparte." Mi-aș permite să adaug că această "rasă aparte" de politicieni sunt, într-adevăr, politicieni de doi lei, la care însă mai primești și restul... dar, din păcate pentru românașii de rând, în *real life*, sunt politicieni de mili-oane de dolari, care nu dau doi bani pe cei care i-au ales.

Proxeneții politici din România au fugărit în ultimii 20 de ani peste 3 milioane de mioritici, care au migrat către pășuni mai verzi și fără lupi hapsâni care să îi jupoaie de vii.

În România, din păcate, mojicia a luat locul valorii, mitocănia este substitutul caracterului curat, iar contul în bancă decide și are putere de viață și de moarte asupra oropsitului mioritic.

Valorile se află la baza piramidei, pe când cocalaria și parvenitismul se află în top, râzându-le în nas celor educați, corecți, cinstiți și cu bun simț. Oameni de valoare precum doctori, ingineri și oameni de știință sunt umiliți și batjocoriți în propria lor țară, cu salarii de mizerie, dar apreciați la adevărata lor valoare odată ce trec granița ținutului mioritic.

Cât mai poate acest popor, bun și ospitalier în esență, să mai îndure această formă de prostituție la care este supus de peste 20 de ani? Cât se mai poate fura din această țară, unde motto-ul unui politician de succes din România este: "Fur cât mai mult și mint cât mai frumos!"

Chiar nu se poate fura în această țară la modul moderat? Pentru că ar fi o utopie să credem că putem avea politicieni care să nu fure deloc, ar fi doar un scenariu bun pentru un film cu Tom Cruise în "Mission Impossible".

Chiar nu există un plafon al nesimțirii ordinare care să limiteze jaful și nemernicia? Politicianul român pus pe căpătuială rapidă l-ar face să roşească până şi pe Machiaveli şi ar putea figura ca material didactic în şcoli, la lecţia: "Cum şi ce se mai fură în România."

Plebea mioritică este intoxicată şi anesteziată de presă şi de televiziunile aservite şi de către jurnalişti şi moderatori slugarnici – a căror coloană vertebrală de meduză se îndoaie precum ordonă stăpânul – care, în stil machiavelic şi ordinar pupă mâna stăpânului (dar şi partea dorsală) şi care dejectă mizerii şi minciuni cu iz electoral, menite să atragă voturile necesare pentru a-i instala la conducerea ţării pe cei pe care-i slugăresc orbeşte şi cu sfinţenie.

Practic, suntem conduşi de emanaţia de după '89 de mai bine de 18 ani, cu o singură excepţie, încercarea seniorului Coposu în '96, soldându-se cu un eşec total, astfel năruind visele românaşilor pentru o altfel de Românie, o Românie mai curată, mai democrată şi cu o faţă mai umană. Poate şi disparţia acestui titan, Corneliu Coposu, să fi pus capac la ceea ce ar fi trebuit să fie o schimbare spre bine a societăţii româneşti. Speranţe deşarte însă...

Acum, ce mă sperie, cel mai mult, este lipsa unei alternative viabile care să dea jos această hidră cu două capete, PDL – PSD, care domină eşichierul politic şi subjugă românaşii de mai bine de 18 ani.

Cine este PDL-ul? Un cavaler al tristei figuri care s-a umplut de penibil, dar căruia îi stă bine aşa.

Cine este PSD-ul? O glumă proastă a „bunicuţei" (Papa John) care a făcut progenituri după chipul şi asemănarea sa.

Cine este PNL-ul? Un partid obosit, un *has been*, un partid fără busolă cu un lider fără carismă și cu moguli în spate, care printr-o alianță ilară cu capul cel mare al hidrei, PSD, dă naștere unui mariaj dintre un struț și o cămilă care, eventual, se va sfârși într-un divorț absolut normal, motivul fiind, *of course*, diferențe ireconciliabile.

Mai încearcă să muște din plăcintă - și să adauge sare pe rana deja deschisă și însângerată a poporului român – acest PPDD patetic, dar diabolic, care prin al său OTV (acum pe cale de dispariție) a orbit plebea mioritică cu o demagogie ieftină, infantilă, dar, din păcate, credibilă pentru unii, și care se vrea (*oh, boy*) o alternativă salvatoare a țării.

Acest PPDD, nu face altceva decât să *add insult to injury*... o ironie a sorții, tipic românească... o așa-zisă alternativă politică, chiar mai rea decât *status quo*, deși sincer nu știu cât de rău ar mai putea fi, dar, probabil, întotdeauna este loc și de mai rău.

Câtă dreptate a avut Esop cînd a spus că: "Pe hoții mărunți îi trimitem la spânzurătoare, iar pe cei mari îi numim în funcții publice."

15 noiembrie 1987

Va spune ceva dată de 15 noiembrie 1987? Pentru unii este doar o simplă dată în calendar, pentru alţii o pagină importantă în manualul de istorie, un moment de referinţă pentru posteritate, un act de curaj nebun în faţa unei dictaturi represive care devenea din ce în ce mai greu de suportat şi luminiţa de la capătul tunelului (democraţiei) era într-o eclipsă totală. Ziua de 15 noiembrie 1987, o zi de duminică, în care plebea mioritică era chemată să-şi dea votul unicului candidat comunist, o mascaradă regizată, o simplă formalitate şi un gest civic lipsit de importantă, jocurile politice fiind deja făcute, câştigătorul cursei electorale (sic!) fiind cunoscut înainte ca ştampila să legifereze candidatul la rangul de cetăţean, cu trese politice, al protipendadei comuniste.

Ca de obicei în acea perioadă se lucra şase, chiar şapte zile pe săptămână, chipurile, să realizăm planul, în timp ce salariile erau măcelărite şi tăiate cu până la 40%... ducând la disperare şi totală deznădejde pe cei 25 de mii de angajaţi ai Întreprinderii de Autocamioane, Steagul Roşu Braşov. Cuţitul ajunsese la os şi pe la colţuri tot mai mulţi îşi manifestau oprobriul şi scârba faţă de conducerea comunistă în frunte cu al său dictator, Ceauşescu. În acea zi de duminică, inevitabilul s-a produs şi mămăliga a explodat.

Ca participant activ la Revolta Anticomunistă din 15 Noiembrie 1987, vă voi prezenta evenimentele din acea zi, aşa cum le-am perceput şi simţit eu la vremea respectivă:

Eram un tânăr care d-abia terminase armata şi eram angajat al secţiei 410 (Sculărie) şi ca toţi ceilalţi angajaţi ai Întreprinderii de Autocamioane, „fluturaşul" cu chenzina, îmi fusese „alterat" serios, pe 15 noiembrie mă uitam la „lichidare" şi aveam 800 de lei în minus... la un salariu de 2500 de lei... pe lângă mizeria, frigul şi cozile interminabile pentru o bucată de carne sau pentru un litru de lapte.

În jurul orei şapte dimineaţa, am ajuns la locul de muncă şi trecând prin faţa secţiei 440 (Matriţe) am văzut adunaţi şi foarte nervoşi un grup de zeci de muncitori care fluturau „fluturaşii" cu salariul ciuntit, exprimându-şi nemulţumirea şi indignarea prin decibeli puternici care se puteau face auziţi până la poarta uzinei. Ceea ce nu ştiam era că revolta mocnea încă din noaptea de 14 noiembrie, când schimbul III încetase munca şi îşi manifesta nemulţumirea; în dimineaţa zilei de 15 noiembrie, scânteia avea să explodeze şi să culmineze cu marşul către Comitetul Judeţean al PCR-ului. În jurul orei opt dimineaţa, ies şi eu împreună cu mai mulţi colegi în faţa secţiei şi ne îndreptăm spre cei de la secţia 440, unde venise un director economic, care încerca să calmeze spiritele, însă, muncitorii erau deja la saturare şi nu mai vroiau să audă limbajul de lemn cu promisiuni goale şi explicaţii marxist-leniniste şi au început să-l îmbrâncească pe director şi unul dintre muncitori chiar îi dăduse una peste bot... Deja ne adunaserăm câteva sute de muncitori şi încă mai ieşeau şi din alte secţii... s-a format o mulţime care intră din secţie în secţie cu mesajul: „Veniţi cu noi!" Revolta începuse!

Luat de val, m-am alăturat muncitorilor care după ce şi-au îngroşat rândurile, au decis să se îndrepte spre „Palat" (administraţia uzinei)... acolo, muncitorii revoltaţi au spart mai toate geamurile clădirii... Mulțimea revoltată și nervoasă se întreba ce ar putea face pentru ca mesajul lor să poată fi recepționat... Cineva a strigat: „Haideți la Comitetul Județean!", idee care a fost imediat împărtășită de cei prezenți, astfel încât coloana protestatarilor a decis să părăsească uzina, moment în care câțiva dintre muncitori au luat cu ei și câteva steaguri tricolore care erau atârnate la poarta uzinei.

Odată ajunși în fața spitalului județean s-a cântat „Deșteaptă-te române!", ceea ce a descătușat oamenii de refularea și tribulațiile care îi măcinau de peste 20 de ani... și ca din senin a urmat: „Jos Ceaușescu!". Mii de oameni, printre care elevi și studenți, aveau în sfârșit curajul să protesteze și să se alăture coloanei „Stegarilor"... un sprijin deosebit de important care a făcut ca protestul, inițial social, să devină unul politic... s-a ajuns de la „Vrem banii noștri" sau „Vrem căldură și mâncare" până la: „Jos comunismul!" și „Jos Ceaușescu!", o idee politică care nu a stat la baza declanșării acestei revolte spontane.

Sincer, mie nu îmi venea să cred ce se întâmplă atunci, mă frecam la ochi și la urechi și eram total siderat... să strigi „Jos Ceaușescu!" într-un stat atât de dictatorial cum era România, era ceva ce nu se mai auzise... mai auzisem vag atunci, ca în anul 1977 avusese loc o revoltă în Valea Jiului, dar cred că manifestația din 1987 a fost mai amplă și a avut un răsunet și un impact mult mai puternic, zdruncinând din temelii sistemul comunist. După estimările de atunci, se pare că au fost în jur de 15-20 de mii de protestatari care, anesteziați de frigul din casa, de lipsa de mâncare și de tăierile salariale, au îndrăznit să se ia la trântă cu sistemul comunist și să-l pună la zid, strigând: „Jos Comunismul!" Ajunși în fața Comitetului Județean, sediul comunist a fost devastat, s-au spart geamuri, s-a aruncat cu banane, portocale (ceea ce românul de rând vedea o dată pe an) cu telefoane... și într-un final cineva a aruncat și portretul lui Nicolae Ceaușescu aflat undeva sus la ultimul geam... în prealabil, câțiva dintre colegii mei l-au luat la țintă cu ouă, dar în momentul când tabloul a fost aruncat, lumea era în delir, parcă fuseseră izbăviți de o tiranie care nu se mai termina.... tabloul a fost rupt în bucăți și a fost incendiat în uralele mulțimii extaziate la vederea acestui gest unic, nebunesc, dar cât se poate de real.

Nu exista un organizator, un lider care să încerce să organizeze mulțimea și, eventual, să inițializeze un dialog cu cei de la conducerea Comitetului Județean de Partid, în care să fie prezentate nemulțumirile muncitorilor. Pur și simplu a fost o revoltă spontană, declanșată pe neașteptate în urma tăierilor de salariu care nu păreau să mai aibă sfârșit. Nimeni nu știa ce deznodământ va avea această revoltă, probabil adrenalina de moment ne blocase simțul realității și frica dispăruse total. Realitatea avea însă să fie alta... după vreo două ore de devastare a Primăriei în uralele celor de pe gazonul din fața Primăriei... miliția și scutierii își fac apariția... fiecare fuge cum poate... forțele de represiune intervin brutal și pun capăt revoltei. Am revenit seara să văd ce se mai întâmplă... totul era încercuit și se lucra de zor la repararea geamurilor sparte și la curățirea spațiului verde din fața Primăriei. A doua zi dimineață, totul arăta ca și când nimic nu s-ar fi întâmplat.

Alta era însă situația în uzină, unde aveau loc ședințe extraordinare de UTC și de Partid în fiecare zi, ocazie cu care se înfiera acțiunea manifestanților și se condamnau acei care au luat parte la aceste acte de „huliganism". Cei care au fost arestați atunci, au fost anchetați, bătuți și torturați groaznic în beciurile miliției și securității din cauza cărora unii s-au ales cu boli degenerative. După fiecare ședință de acest gen, mai dispărea câte unul dintre noi, fiind luat și anchetat, iar apoi chiar deportat în afara județului.

Am avut colegi de muncă, printre care chiar secretarul UTC din acel timp, Eugen, care fusese arestat și deportat în alt județ... Unul dintre colegii mei, un bun prieten, Postolachi Florin, Președintele Asociației 15 noiembrie, a fost și el arestat, anchetat și bătut de securiști, acum este deputat în Parlamentul României. Chiar dacă ne lega o prietenie deosebită, niciodată nu mi-a dat detalii despre clipele petrecute în beciurile miliției, aceste momente marcându-i toată viața și de aceea îi era greu să-și reamintească și să povestească prin ce a trecut... mi-a spus însă că a fost bătut rău, dar nu a vrut să intre în amănunte.

„După ce inițial se anunțase pedeapsa capitală pentru muncitorii arestați, sub presiunea opiniei publice mondiale, comuniștii au revenit asupra hotărârii lor, deportând, în urma unui proces înscenat, un număr de 61 de muncitori și schimbând locurile de muncă ale altor 27 de persoane dintre cele peste 300 arestate și anchetate în sediile Miliției și Securității din Brașov și București" (http://www.15noiembrie 1987.ro/istoric.php). Cei deportați s-au reîntors la începutul anului 1990 și au fost reangajați la vechiul loc de muncă și fiecăruia dintre ei le-a fost repartizat un apartament în Centrul Civic al Brașovului. Nu știu dacă acum mai stă careva dintre ei acolo, mulți dintre ei au vândut business-urile...

În amintirea zilei de 15 noiembrie 1987, în fiecare an, pe la această dată se organizează Crosul „15 Noiembrie"- traseul de 5 kilometri al crosului rememorând drumul dintre uzina

„Steagul Roşu" (Roman SA) şi Comitetul Judeţean de Partid (actuala Prefectură), parcurs de masa de manifestanţi anticomunişti în noiembrie 1987. Câţi îşi mai amintesc de momentul 15 noiembrie 1987? Oare a meritat sacrificiul celor care atunci, şi-au riscat efectiv viaţa şi au dat dovadă de un curaj nebun, ieşind pe străzi şi scandând lozinci împotriva lui Ceauşescu? Să nu-i uităm pe cei 61 de muncitori deportaţi, pe cei 300 de arestaţi şi anchetaţi care au fost supuşi terorii şi chinurilor din beciurile Miliţiei şi Securităţii.

Eu, unul, ca braşovean şi ca participant la evenimentele din 15 noiembrie 1987 nu pot uita această zi istorică şi prin acest articol vreau să îmi exprim respectul şi aprecierea pentru cei 61 de muncitori deportaţi (dintre care 12 nu mai sunt printre noi) şi pentru cei 300 de arestaţi şi anchetaţi care au suferit de pe urma revoltei de la Întreprinderea de Autocamioane. Revolta de la „Steagul Roşu" a fost bombă cu efect întârziat care avea să explodeze doi ani mai târziu, când Revoluţia din decembrie 1989 avea să-l detroneze pe dictatorul Ceauşescu şi să dea speranţele unei vieţi mai bune, care, din păcate, pentru mulţi nu s-a adeverit.

Să nu uităm momentul 15 noiembrie 1987, ziua când frica a fost învinsă şi pusă la respect de către 15 mii de oameni curajoşi, care au îndrăznit să-l înfrunte pe dictator şi să arunce cu ouă în tabloul lui Ceauşescu atârnat pe frontispiciul clădirii Comi-tetului Judeţean şi să strige: „Jos Ceauşescu!"

Un drog numit Facebook

Mark Zuckerberg, fondatorul Facebook-ului, nici în *his wildest dreams* nu ar fi crezut că la 8 ani de la lansarea sa în *cyberspace*, acest fenomen socio-informatic de proporții cosmice (pe numele său de botez Facebook) va atinge, în ianuarie 2012, 800 de milioane de *users*.

Unii se întreabă dacă această societate virtuală este sănătoasă sau poate avea efecte nocive asupra psihicului. Majoritatea experților apreciază că Facebook-ul este o metodă excelentă de a comunica, de a ne exprima gânduri, sentimente și idei, de a ne destinde sau chiar de a plânge pe "umărul" unui prieten virtual, dar dacă Facebook-ul este folosit în doze mari, există posibilitatea unei dependențe care ar putea avea și efecte nocive.

Conform DEX-ului, cuvântul "dependență" înseamnă: "stare de intoxicație cronică, rezultând din absorbția repetată a unui drog sau medicament și care se manifestă prin nevoia de a continua această absorbție". Pe lângă tradiționalele adicții provocate de alcool, țigări, droguri sau sex, care provoacă o dependență zilnică și care trebuie să fie întreținute, Facebook-ul a devenit, în numai câțiva ani, noul drog căruia i se poate aplica eticheta de "adicție".

Precum fumătorii care fumează două pachete zilnic, așa și un feisbuchist dedicat "trage în piept" ore, zile, săptămâni, luni și chiar ani acest drog virtual. Adicția față de un produs

101

reprezintă cheia succesului în business, iar americanul Zuckerberg, cu al său Facebook, a reușit să construiască un monstru virtual foarte apetisant și parșiv, care, subliminal, reușește, printr-un design nu prea sofisticat, dar inteligent, să te țină captivat de ecran și, implicit, să creeze dependență.

Acest cronofag insidios, care printr-o luminiță roșie acolo, sus, la mesaje, te face să revii zilnic, că să-ți iei doza zilnică de Facebook, poate însă avea consecințe nefaste și asupra vieții de familie, în cazul în care userul de Facebook are un partener sau o parteneră, deoarece alegând să-ți petreci ore întregi în virtual, implicit îți neglijezi "jumătatea". Pentru unii, însă, Facebook-ul este un refugiu din cotidian, o defulare virtuală, cu și față de prietenii virtuali, iar pentru alții, o curiozitate, o plăcere hedonistică de a avea cât mai mulți prieteni virtuali și cât mai multe luminițe roșii, care să se aprindă cât mai des acolo, sus, în stânga, la Facebook.

Dependentul de Facebook se bucură ca un copil mic când, la notificări, mesaje sau prieteni, acea luminița roșie se aprinde, la intervale neregulate, anunțând pătimașului de Facebook că ceva nou s-a produs în virtual... Poate fi un banal mesaj, o poză, un nou prieten sau o melodie preferată. Pentru a vă dovedi că există pătimași cu această adicție, propun un exercițiu de voință: luați o pauză de 3 zile, în care să nu dați nici măcar un click pe Facebook, și apoi să-mi spuneți prin ce tribulații treceți și cum se manifestă aceste simptome.

Nu există nici un dubiu în mintea mea că Facebook-ul este un drog care provoacă adicție și care poate fi nociv, dacă este abuzat. Până acum, am auzit de clinici de dezintoxicare pentru fumători, drogați sau alcoolici, dar de o clinică de "defebizare" nu am auzit. Folosit în cantități moderate,

Facebook-ul poate avea un efect benefic, dar dacă devii un *user* pătimaș și obsedat de "luminițe roșii", s-ar putea să-ți afecteze viața familială sau chiar mentalul. Poți deveni, fără să vrei, prizonierul lui "nea Zucky" (Mark Zuckerberg, fondatorul Facebook-ului), care pe spinarea ta de *user* pătimaș și dependent va continua să adauge în checkbook-ul lui milioane și milioane de "verzișori".

Facebook-ul folosit *ad nauseam* poate dăuna grav sănătații și, curând, vom vedea în stânga, sus, pe Facebook, precum au și țigările, un mic logo: "Consumul în cantități industriale dăuneaza grav sănătații".

Despre limba română vorbită pe *Messenger*

Trăim într-o lume noua, care devine, pe zi ce trece, din ce în ce mai dependentă de calculatoare, de internet, de comunicații în general. Informatica, acest *new age* al tehnicii și internetului, atinge niveluri record, iar mai nou, copiii învață mai întâi să tasteze și să folosească mouse-ul, și numai apoi învață caligrafie și scrisul de mână. Suntem virusați de tehnica care ne-nconjoară și, ca să fii în pas, trebuie să dansezi pe ritmuri de messenger și să-ți însușești și vocabularul de "mess".

Dacă "nu te dai" pe messenger, nu exiști. Dacă nu ai IPhone, IPod sau IPad ești un anonim și ai nevoie de o reparație capitală, pentru a deveni "cool".

Dacă nu știi acronimele de rigoare și limbajul cool de messenger ești demodat și bun de casat.

Stau și mă minunez, uneori, la felul în care mulți dintre adolescenții din ziua de azi - și nu numai ei - scriu și se exprimă în ceea ce ei numesc "limba română". Pentru destul de mulți, din păcate, gramatica limbii române a devenit un "alien", adică un obiect din spațiu, neidentificat, pe care încearcă să-l descifreze, dar fără succes. Câteodată, am momente când încerc să-mi dau seama dacă ceea ce citesc în unele mesaje este scris în limbă română sau, poate, într-un dialect troglodit, pentru reduși mintal. Pentru edificare, vă

104

propun două mostre:

1. "Cred k apare... da numi explic qm no apărut deja p pc... Am văzut un clip p youtube qm juk unu p laptop gta 4... qm se poate... !"

2. "În momentul de fatza exact să îți spun nu știu, k mi lam făcut la comandă și erau Reduceri și alea alea. Dar am un site perfect... dacă pot s îl postez aicia... e legat de componente și proștii deastea dacă este ilegal reclamă... revino cu un reply să îți dau prin pm".

Limbajul prescurtat tinde să ia locul limbii române. Elevii folosesc în vorbirea curentă cuvinte specifice messengerului. Folosirea inițialelor cuvintelor a devenit o modă în comunicarea rapidă și eficientă pe messenger. Nu există "internaut" care să nu cunoască semnificația acestor prescurtări venite de dincolo, de peste "baltă". Urmarea? O exprimare curentă tot mai săracă, lipsită de imaginație și emoție.

Dacă întrebați acum un copil de câțiva ani, care abia și-a început școală, ce-și dorește de la Moș Crăciun, ce credeți că vă va răspunde? *Of course*, să-i instaleze acasă un Messenger. Dacă navigarea pe internet se poate dovedi foarte utilă, statul la bârfă pe messenger este cât se poate de nociv, cauzând o stagnare a procesului de învățare, ba chiar ducând la o scădere a IQ-ului (după cum dovedesc studii recente realizate în SUA).

Care va fi viitorul acestui limbaj, care crește într-o zi cât alții în șapte? Este el doar un moft, o fază pasageră, prin care trec tinerii și care va dispărea în timp? Sau se va transforma la un moment dat într-o nouă limbă oficială, limba Internetului?

105

Greu de zis... Un lucru este cert: s-a dus generația "outdoors", care juca o 'scunsea, o prinsea, un lapte gros sau un fotbal printre blocuri. N-o fi fost "cool", dar mai sănătos și mai "viu", cu siguranță era! Și-apoi, nu necesită nici o cheltuială, și nu-ți trebuie nici un *gadget* pentru practicarea lor!

Cheia de gât, simbolul generației de dinainte de '89, este perimată și a devenit istorie... "Welcome to the new world!"

Liviu Corneliu Babeş: eroul-martir care în anul 1989 a ars în numele libertăţii

Erou este acela care şi-a dăruit viaţa unui lucru mai important ca el însuşi. – Joseph Campbell

Pe 2 martie, 1990, împreună cu mai mulţi colegi de la ROMAN S.A. (locul de unde a pornit revolta muncitorească din 15 noiembrie 1987), am participat la prima comemorare a eroului-martir, Liviu Babeş, un erou necunoscut până atunci. Cu prilejul acelei ocazii a fost dezvelită pe Pârtia Bradul - locul unde pe 2 martie, 1989, Liviu Babeş devenea o torţă vie în numele libertăţii – o cruce de fier şi s-au depus câteva coroane de flori.

Au trecut 23 de ani de când Liviu Babeş a recurs la acest sacrificiu suprem în speranţa ca alţii să trăiască mai bine. Acest gest radical s-a vrut o palmă adresată regimului comunist care subjuga românii ajunşi la disperare, dar care nu aveau curajul, ÎNCĂ, să ridice capul şi să se opună făţiş dictaturii comuniste.

Liviu Babeş, prin al său gest extraordinar, dar fatal şi singular, a încercat să atragă atenţia internaţională asupra situaţiei disperate din România, lăsând însă, în urma sa, o soţie, Etelka, şi o fetiţă, Gabriela, de numai 12 ani. Un gest radical, un gest nebun, dar unul lucid, un gest împotriva mizeriei comuniste şi nocive care măcinase şi transformase naţiunea românească într-un *zombie* ambulant.

Liviu Corneliu Babeş, un braşovean în vârsta de 47 de ani lucra ca maistru electrician la Trustul de Prefabricate din Braşov şi în paralel urmase cursurile Şcolii Populare de Artă din Braşov, devenind un pictor şi un sculptor apreciat.

In anul 1989, pe 2 martie, Liviu Babeş s-a autoincendiat, s-a transformat într-o torţă umană, în timp ce cobora pe Pârtia Bradul din Braşov, având în mână un carton pe care scria "Stop Murder! (Opriţi crima) Braşov = Auschwitz". După două ore de agonie petrecute la spital, Liviu Babeş avea să spună adio unei lumi în care el nu se mai regăsea, unei dictaturi monstruoase pe care el nu o mai suporta, dar cu speranţa că gestul său va avea un ecou internaţional şi ceva se va schimba în bine pentru românii de rând şi familia sa.

A fost comparat cu Jon Palach, un student care şi el şi-a dat foc în Piaţa Vencelas din Praga pentru a protesta faţă de invadarea Cehoslovaciei de către trupele scovietice. Liviu Babeş a încercat prin acest sacrificiu suprem să fisureze acest regim ermetic al despotismului absolut, însă ecoul nu a fost pe măsura gestului său unic.

Un ziarist britanic scria în paginile unui săptămânal că: "Am auzit un geamăt şi un om cuprins de flăcări a apărut din pădure. Nu părea că încearcă să-şi stingă cercul de flăcări care îl cuprinsese. Nu spunea un cuvânt, dar aveam impresia că-i aud sfârâitul părului şi al pielii. Durerea sa era cumplită, dar, deşi trecuse mai mult de un minut de când îl observasem, nu dădea niciun semn că ar încerca să se salveze. Atunci a apărut cineva cu o pătură şi împreună am încercat să-l stingem."

Liviu Cornel Babeş a fost declarat "erou-martir" la 4 iunie 1997, iar în prezent o stradă (fostă stradă Rândunicii) din Municipiul Braşov îi poartă numele.

Se tot promite de câţiva ani de către autorităţile locale din Braşov că se va realiza un monument în memoria martirului, monument care se vrea amplasat chiar în faţa Primăriei, lângă "Lupoaica". Autorităţile au promis din nou, şi în acest an, că vor aloca fonduri pentru realizarea unui monument închinat lui Cornel Liviu Babeş.

Din păcate, ca la noi, la nimeni, sau ca la noi, ca la români. În timp ce alte ţări stiu să-şi aprecieze eroii naţionali şi să-i prezinte lumii întregi ca mărturii istorice, noi, deşi avem câţiva eroi adevăraţi care ar merita arătaţi lumii întregi şi ar trebui puşi pe un piedestal şi veneraţi, alegem să îi lăsam să zacă într-un colţ prăfuit şi uitat de timp, deoarece, *of course*, nu sunt bani pentru ei. Şi, tot din păcate, an de an, cei care încă îşi mai amintesc de Liviu Babeş sunt din ce în ce mai puţini.

Liviu Corneliu Babeş a încercat acum 23 de ani să schimbe istoria prin sacrificiul său suprem, lăsând în urmă sa două inimi îndurerate, care încă se mai întreabă dacă gestul său eroic a meritat, sau nu, acest sacrificiu.

Noi, românii, şi în special braşovenii, avem datoria să-l punem pe Liviu Babeş la loc de cinste în manualul de istorie. Dacă Liviu Babeş nu a reuşit să schimbe istoria, noi trebuie să-l aducem pe Liviu Babeş în istorie.

Acum, la 23 de ani de când acest erou adevărat, Liviu Babeş, a plecat la cele veşnice să ne amintim cu pioşenie şi adânc respect ca de unul care ne-a predat o lecţie supremă de curaj, o lecţie care ne pune la locul nostru - acela de mai puţin curajoşi. Dumnezeu să-l ierte şi să-l odihnească pe Liviu Babeş în Împărăţia sa Cerească! NU TE VOM UITA!

Ruşinea de a fi Român

Am plecat de mai bine de 15 ani din România, dar niciodata nu mi-am renegat originea şi niciodata nu mi-am batut joc de limba română.

Ca român, consider că este de datoria mea, de simplu muritor mioritic, să intervin ori de câte ori limba română este măcelărită de saltimbanci agramaţi, aciuaţi pe alte plaiuri non-mioritice (sau românaşi din România) care nu se mai consideră români şi declară public, fie pe blog sau pe facebook, că le este ruşine că sunt români.

Deunăzi, când îmi făceam rondul pe FB, am dat peste o postare de genul: "El a-mi da mie mie..." unde forma la dativ a pronumelui „îmi" era pur şi simplu măcelărită şi tăiată de o biată cratimă, iar litera "î„ era înlocuită cu litera „a". WOW! Mai înţeleg mici şi banale typo, sau chiar unele dezacorduri gramaticale, dar să pui cu de la sine putere, o cratimă în inima unui biet pronume la dativ, mi se pare o imbecilitate şi o stupiditate de neiertat. Citind acest afront adus limbii române, retina mea s-a simţit asaltată şi creierul meu a reacţionat în consecinţă, trăgând-o de mânecă pe cetăţeanca plecată pe tărâmuri australiene şi apostrofând-o puţin, vis-a-vis de această crasă eroare gramaticală.

Bineînţeles că analfabeta în cauză a reacţionat violent spunându-mi: "I dont need your damn Romanian spelling!" I-am spus că nici măcar nu era vorba de un "spelling", ci de o greşeală majoră gramaticală. Duduia în cauză s-a şifonat şi imediat m-a şters de la "friends" şi a dispărut în eter. Îmi făcuse o favoare pentru că deja eram setat să-i dau eu *delete*. M-am uitat puţin la profilul ei şi am dat peste un blog în care înşira 30 de motive pentru care îi era ruşine că este ROMÂN.

Am rămas mască, citind motivele sale, pentru care se ruşina cu identitatea de român şi într-un fel i-am dat dreptate, pentru că era normal să-i fie ruşine, din moment ce scria în limba română ca o repetentă.

Românilor adevăraţi care-şi cunosc istoria şi cultura neamului nu le este ruşine să spună că sunt români! Chiar dacă s-ar instala un dialog sau chiar o polemică pe această temă, ei au cunoştinţe suficiente şi argumentează cu date concrete faptul că aparţinem unei vechi civilizaţii europene. Cred că ar trebui să ne implicăm mai mult pentru a ne delimita de cei care ne fac de râs, care în numele românilor fac fapte reprobabile, condam-nabile, dar aceia, majoritatea nu sunt români, au doar cetaţenie română.

Legat de românii cărora le este ruşine că sunt români, repet, aceştia sunt victime ale INculturii, nu-şi cunosc nici măcar contemporanii cu care să se mândrească. Astfel, se naşte întrebarea firească: Ei, totuşi, cu ce se mândresc?

Cine îi adoptă la urma urmei dacă nu sunt de valoarea lui Brâncuşi, Cioran sau M. Eliade? Nişte dezrădăcinaţi vulnerabili, expuşi viciilor şi depresiei, demni de plâns...

Imediat am pus o postare pe Facebook în care îmi exprimam indignarea vis-a-vis de atitudinea unora, care plecaţi, uită limba română şi îşi reneagă identitatea naţională.

La întrebarea - „**Îți este rușine ca ești român?**" - au răspuns peste 1000 de feisbuchiști și spre satisfacția mea, în proporție de 95%, si-au exprimat indignarea față de cei care își reneagă identitatea și au răspuns la unison: "Sunt mândru că sunt român!" Iată câteva din răpunsurile primite:

I.R.B: "Dar de ce ar trebui să-mi fie rușine? Românii sunt un popor ca și alții. Nu văd motiv să-mi pun o astfel de întrebare."

L.N: "Nu, sunt chiar foarte mândră cu toate cele rele și bune, peste tot sau pe tot globul sunt cetățeni ce fac nelegiuiri - fapte urâte așa că nu am pentru ce să-mi fie rușine că sunt ROMÂN și nu-mi doresc decât să fim mai consecvenți în a alege reprezentanții."

L.B: "Mă mândresc cu țara mea... mă mândresc cu oamenii din țara mea... păcat că tot mai mulți aleg să trăiască printre străini... mulți pentru slujbe sub demnitatea lor... avem o țară minunată, cu oameni de toată isprava! Cinste lor!"

M.S: "Nu îmi este rușine că sunt româncă, dar nu îmi vine bine când unii românii ne fac de rușine. Nu există pădure fără uscături. Nu există țară fără oameni care să facă și rele. Știu să îmi apăr țara dacă sunt pusă într-o situație mai neplăcută. Nu îmi e rușine că sunt ROMÂNCĂ."

O.G: "Nu îmi este rușine că sunt româncă, sunt foarte mândră de naționalitatea mea și de originile mele. Sunt indignată atunci când unii de aceași naționalitate cu noi jignesc originile noastre, doar pentru că au plecat de mai mulți ani din România. De fapt ei nu realizează că se jignesc singuri, mai mult, sunt josnici cu asemenea afirmații. Să îți fie rușine că ești român este ca și cum ți-ai nega originea, ți-ai nega părinții și locul nașterii.

Din câte știu eu, pentru fiecare dintre noi, originea este legată de ființa care ne-a dat viață, adică mama. Să îți fie rușine că ești român este ca și cum ți-ar fi rușine cu mama ta, dar degeaba încercăm noi să îi explicăm stimabilei doamne, ea nu va înțelege și ca ea mai sunt mulți.

Este foarte adevărat că nici eu nu sunt de acord cu ceea ce fac unii în România, dar asta nu mă face să spun că îmi este rușine că sunt româncă."

S.C: "Originea de Româncă înseamnă că sunt eu, Simona, înseamnă identitatea mea, existența mea în orice loc m-aș afla și sunt mândră că m-am născut în România. Nu-mi voi trăda niciodată rădăcinile și acolo va fii întotdeauna ACASĂ!"

M.D: "NU îmi este rușine! Sunt mândră de asta, deși uneori nu mă mândresc cu cei care ne reprezintă... dar asta e altă poveste. România mea este o țară frumoasă și românii pe care îi cunosc sunt oameni deștepți, frumoși, sociabili și cu suflet mare. Avem o istorie frumoasă în urmă și tradiții minunate. Cei ce își reneagă originea sunt precum copacii fără rădăcini..."

G.S: "Nu, Nu, Nu! Ba sunt mândru că m-am născut într-o țară mai frumoasă ca oricare alta din lume și în mijlocul unui popor cu înaintași așa de glorioși."

A.P: "Sunt plecată din țară de la 8 ani... dar cunosc istoria lui tati. Sunt mândră că același sânge curge prin venele mele... și am un respect deosebit pentru bărbații noștri. Suntem *survivers* și o nație enorm de talentată."

D.B: "Nu, nu-mi este rușine deloc, chiar dacă se întâmplă

numai nebunii acum la noi în ţară; eu am o origine sănătoasă, am fost crescută cu frica de Dumnezeu, în spiritul onestităţii şi a respectului şi tatăl meu era un mare patriot, îşi punea mâna pe inimă cînd auzea imnul. Dacă de acolo de sus m-ar vedea acum că-mi reneg originea, ar fi tare supărat. Deci, NU, nu-mi este ruşine deloc, chiar sunt mândră!"

M.S: "Nu poţi să-ţi renegi originile doar de dragul de a da bine... în faţa altora. Să-ţi fie ruşine că eşti român echivalează cu lipsa simţului civic pe care probabil nu îl ai... genetic. Nu pot să cred că am ajuns să ne fie ruşine că suntem români. Faptul că în ţară nu e o situatie OK, că mulţi aleg să plece pentru un trai mai bun nu îţi poate da atâta furie... Sunt mândră ca sunt româncă... oriunde m-aş afla."

Şi în final, răspunsul celei căreia îi era ruşine că e român:

C.E: "THIS PROVES YOU LACK EDUCATION AND MORALS, SĂ VĂ FIE RUŞINE, CĂ SÎNTEŢI DOAR GUNOAIE, şi FAPTUL CĂ VORBIŢI AŞA DĂ DOVADĂ DE CINE SÎNTEŢI..." (majusculele îi aparţin).

Mie nu îmi este şi nu îmi va fi ruşine niciodată că sunt ROMÂN (cu majuscule)! Îmi este însă ruşine pentru cocălărismul mioritic în care se scaldă România, pentru specimenele politice care conduc România, pentru faptele unor români din ţară sau din diaspora şi pentru jalea în care a ajuns o ţară cu un potenţial extraordinar, dar niciodata nu îmi va fi ruşine că sunt ROMÂN.

M-am născut ROMÂN, sunt ROMÂN şi voi plecă în lumea celor drepţi tot ROMÂN!

Voi sancţiona întotdeauna mojicia, prostia şi nesimţirea unor românaşi şi voi lua atitudine împotriva tuturor care îşi reneagă identitatea naţională sau măcelăresc limbă română!

Cu respect, pentru toţi cei care nu se ruşinează că sunt români, vă salută un cetăţean umil, român-american, care nu va uita niciodată de unde a plecat şi nu se va ruşina niciodată cu identitatea sa naţională.

INTERVIURI

Gheorghe Gheorghiu

Cred că femeile sunt mult mai romantice decât bărbații...
Gheorghe Gheorghiu

Muzica artistului Gheorghe Gheorghiu, care recent a împlinit 35 de ani de carieră, de la debutul său pe scena muzicală cu ocazia Cenaclului Flacăra, are un mesaj simplu: dragostea pentru oameni. De la debutul său, Gigi și-a păstrat același timbru vocal cald și sensibil, care continuă să bucure sufletele românilor iubitori de muzică de calitate.

M-am întâlnit cu Gigi, un prieten drag, la spectacolul din Sacramento, unde alături de alți români, am mâncat românește (mici, savarine și cremșnil), am dansat românește, am cântat românește, un loc unde cu toții ne-am simțit pentru 4 ore ca acasă în România.

Gheorghe Gheorghiu împreună cu Autentic, Bambi și Cristi Faur, ne-au adus România românilor din State, aproape de sufletele noastre, printr-un spectacol susținut timp de două zile în Sacramento. La final de spectacol, artistul a avut amabilitatea să stea de vorbă cu mine la o șuetă ca între prieteni.

- Gigi, bine ai venit între români și dă-mi voie să încep cu o întrebare la care cred că puțini români știu răspunsul. Tu, ca și mine de altfel, ești originar din cel mai frumos oraș al țării

care este...

- Ah, Braşovul... (îmi spune Gigi cu un zâmbet larg şi plin de sinceritate -n.a).

- Spune-mi te rog, când ai plecat din Braşov?

- Am plecat, cînd aveam 20 de ani din Braşov, cînd am cântat, pentru prima dată, cu ocazia Cenaclului Flacăra, moment în care am fost descoperit de poetul Adrian Păunescu iar viaţa mea a luat un alt curs.

- Când ai intrat în SUA şi care a fost itinerariul tău până acum?

- De când am intrat pentru prima dată în State, am avut un itinerariu extraordinar. Am început cu Detroit, Chicago, New York, New Jersey, Philadelphia, apoi am continuat cu Florida unde am stat o saptămână la plajă şi Las Vegas unde am stat aproape trei săptămâni.

- Noi ne mai intersectăm pe Facebook şi, din fotografiile pe care le-ai postat, am văzut că zeiţa Fortuna ţi-a zâmbit din plin. Ce s-a întâmplat acolo?

- Las Vegas este baza noastră de unde pornim şi ne organizăm. Într-adevăr, am avut noroc şi am câştigat odată 730 de dolari, odată 250 de dolari şi altădată 440 de dolari. De obicei joc la maşini cu un dolar şi am o limită de 20 de dolari, nu mă arunc cu mulţi bani pentru că ştiu... cazinourile nu sunt făcute pentru ca noi să câştigăm, aşa că am o limită pe care mi-o impun şi dacă este să câştig ceva, mă retrag cu câştigul.

- Gigi, tu nu ai noroc atât în cazinouri, cât şi la sexul frumos, unde continui să faci cuceriri şi să zdrobeşti inimioare împreună cu muzica ta sensibilă. Greşesc?

- Dacă aveam noroc la femei, eram însurat...

- Păi nu trebuie să fii neapărat însurat ca să ai noroc la femei...

- Ha, Ha, Ha... aşa o fi, dacă tu zici.

- În general, cum ți se pare SUA? Dar românii din SUA?

- America cred că este Ok, în general, dar eu nu cred că am să stau vreodată aici pentru că am o viață foarte frumoasă în România. Vara, stau, 4 luni, la plajă, am turnee în țară şi alte câteva locuri în care cânt. Locul fiecăruia este acolo unde câştigă şi bani. Românii din America cred că şi-au realizat o viață mai bună venind aici şi sunt nişte oameni prietenoşi care ne-au primit cu brațele deschise.

„Fiica mea cântă aşa de bine încât am senzația că eu am moştenit-o pe ea..."

- Gigi, te rog să-mi spui câte ceva despre cea mai importantă persoană din viața ta, fata ta, Andra. Îți moşteneşte talentul muzical?

- Andra are 22 de ani şi aşa de bine cântă încât, eu cred că eu am moştenit-o pe ea. Este studentă la UC San Diego, unde studiază Comunicare şi Relații Publice şi cred că locul ei este aici, deşi i-a plăcut foarte mult în România. Ar vrea să stea în România şi poate o va face după ce va termina facultatea.

- Care este secretul longevității tale muzicale? Crezi că este mesajul tău muzical? Cine îți compune muzica şi versurile?

- Cred că mesajul muzical, eu în general am scris pentru şi despre oameni. Eu compun şi scriu versurile pieselor mele.

- Care a fost melodia ta de debut cînd te-ai lansat la Cenaclul

119

Flacăra?

- "Poveste veche", dar cred că nu am mai cântat-o de vreo 13 ani.

Lucrează la un nou album; piesele sunt înregistrate la New York...

- Ce proiecte muzicale are Gigi Gheorghiu în viitorul apropiat?

- Acum lucrez la un nou album. Am scris deja o piesă, "Viaţa de artist" (piesa a fost propusă în luna iunie la Top Românesc -n.n) se numeşte şi curând am să mă întorc la New York să mai înregistrez vreo 5 piese...

- Care este secretul succesului tău în rândul admiratoarelor fie că au 20 de ani sau 70 de ani?

- Faptul că am cântat mult despre dragoste, femeile sunt mult mai romantice decât barbaţii şi ele au prins mai bine mesajul din cântecele mele.

- Ce să te mai întreb şi ai vrea să te întreb?

- Întreabă-mă "Este adevarăt că viaţa ta de când te-ai născut a fost o vacanţă?"

- Este adevărat că te-ai născut sub o stea norocoasă şi viaţa ta este ca o vacanţă care nu se mai termină?

- Da, viaţa mea a fost şi este ca o vacanţă şi îmi place să spun lucrul ăsta.

- Gigi, mulţumesc mult, îţi doresc multe succese în continuare şi sper să ne mai întâlnim, măcar pe Facebook, până când voi reuşi să revin acasă în România.

- Cu mare drag Vioryny, sper să ne vedem măcar pe Facebook

şi bineînţeles te aştept şi pe tine la Mare, la Cireşica, pe terasă, în Olimp. Numai bine!

A fost o seară românească minunată, unde multe inimi tricolore au rezonat cu muzica de suflet a lui Gigi Gheroghiu, care iată, are mulţi fani şi prieteni şi aici pe coasta Pacificului. Chitara şi vocea lui Gigi Gheorghiu au adus câteva ore de fericire şi bucurie în inimile românilor plecaţi din ţară, dar care nu au uitat să-şi aprecieze şi să-şi respecte valorile muzicale româneşti.

Maria Nagy

Dacă aveam condiții favorabile și demne atunci, cu siguranță, nu aș fi plecat.- Maria Nagy

Vă mai aduceți aminte de Maria Nagy? În anii '70 își făcea debutul pe scena românească o cântăreață sexy, cu o față ca de papușă, cu doi ochi mari, un zâmbet larg fermecător, un breton a la Mireille Mathieu și cu o voce izbitor de asemănătoare cu cea a lui Bonnie Tyler! Maria Nagy și-a sărbătorit, pe data de 16 septembrie, ziua ei de naștere, ocazie cu care am sunat-o personal să-i urez din toată inima un „La multi ani !" Cu acest prilej, am mai stat și la o șuetă, ca între doi buni prieteni, iar în urma discuției mele cu Maria, am mai aflat câteva lucruri noi și interesante despre ea și am zis să le împărtășesc și cu voi, cititorii!

Maria mi-a mărturisit că a rămas profund impresionată, până la lacrimi (dupa spusele ei), de mesajele de felicitare care au curs în cantități industriale, pe Facebook, și nu numai, dovadă că publicul românesc nu a uitat-o, încă o mai iubește, chiar dacă și ea, ca și mulți alți artiști români din vechea generație, sunt uitați într-un colț prăfuit de vreme de unde cu greu pot fi scoși de la naftalină și readuși în fața publicului iubitor de muzică bună.

- Săru'mâna și LA MULȚI ANI, dragă Maria, ce mai faci și pe unde mai ești?

- Multumesc mult, eu sunt bine, sunt foarte fericită şi mă simt cu un an mai în vârstă. Am primit zeci de urări şi de mesaje, încă plouă cu mesaje pline de gânduri minunate. Am fost tare emoționată când am văzut câtă lume a fost alături de mine şi a sărbătorit împreună cu mine. Le mulțumesc din inimă tuturor celor care nu m-au uitat, pentru cuvintele de dragoste şi sentimentele sincere adresate... şi sincer îţi spun am fost emoționată până la lacrimi.

„Fiecare apariție la TV era o luptă, trebuia să bântui pe coridoarele televiziunii, ca vreun redactor muzical să mă bage în seamă..."

- În România ai avut o carieră de mare succes, un statut de vedetă adevărată, între anii 1978-1983... În 1984, ai dispărut de pe scena românească. De ce? Ce s-a întâmplat?

- Da, aşa este... într-adevăr, eram foarte cunoscută (şi aici vorbesc despre publicul meu, în turnee) cred că am fost o cântăreață de succes, însă eu nu m-am considerat niciodată o mare cântăreață (modestia o caracterizeză -n.a), dar eu am crezut foarte mult în talentul meu, eram sigură de sentimentele mele puternice care mă legau de muzică şi de public, eram conștientă că locul cel mai fericit şi sigur din lume pentru mine era scena. Scena reprezintă momentul adevărului, acolo nu te înşeli, nimeni nu te înşeală, nu poţi minţi şi nimeni nu te poate minţi. De pe scena transmiţi publicului tot ce simţi şi când te uiţi în ochii lor şi vezi cum vibrează împreună cu sufletul tău, este un sentiment sublim, te simţi împlinit ca un adevărat artist şi poţi spune că "ai trecut rampa", cum se spune în lumea artiştilor. Eu nu am abandonat carierea mea şi publicul din România, dar mă simţeam obosită, sufletul îmi devenise trist.

„...îmi era greu să înțeleg „de ce?", la timpul respectiv."

Fiecare apariție la TV era o luptă, trebuia să bântui pe coridoarele televiziunii, ca vreun redactor muzical să mă bage în seamă... eu niciodată nu am fost trecută pe listă la emisiuni de mare anvergură, cum ar fi Programul de Revelion... filmam și eu, dar intram, cu mare noroc... îmi era greu să înțeleg „de ce?", la timpul respectiv. Să fi fost faptul că eram considerată omul lui Adrian Păunescu, cel care m-a lansat? Sau că stilul meu era prea avangard? Sau că eram prea sexy? Sau că eram unguroaică? NU am primit răspunsuri la aceste întrebări, dar în ciuda succesului meu pe care îl aveam în turnee alături de mari artiști români, nu am înțeles niciodată și nici nu mai vreau să aflu acum, de ce această reticiență față de mine, în a mă promova pe „sticlă"!

În anul 1983, eram colaboratoare la Teatrul C. Tănase din București, când am primit un telefon de la Directorul Teatrului, care m-a întrebat dacă vreau să plec în Cairo cu Arșinel, Cristina Stamate, Trupa de balet condusă de Cornel Patrichi, Persa, pentru o perioadă de 30 de zile. Ajunși acolo, contractul ne-a fost prelungit cu înca 30 de zile, în urma succesului avut. În România începuse perioada cruntă a dictatorului Ceaușescu, barurile se închideau la ora 21, străzile în beznă, program TV de 2 ore, fără turnee, hoteluri fără încălzire și apa caldă... așa că în momentul în care am primit un contract cu Sheraton - Cairo Towers, am zis instantaneu, DA! Am zis că va fi bine pentru ca să-mi vindec sufletul plin de tristete și că, dacă lipsesc o perioadă scurtă, publicul nu mă va uita și pot reveni cu succes, la terminarea contractului... din păcate nu a fost să fie așa...

- Mai ții minte cu ce melodie ai debutat în România? În ce

an ai apărut prima dată pe scena românească? Care au fost primele tale melodii înregistrate?

- Am debutat la emisiunea în Limba Maghiară, pe TVR1, în anul 1976 cu Grupul Folk Group 5 din Miercurea Ciuc cu melodia "Bună dimineața pământ" și melodia „Tinerii". În anul 1978 am debutat la Cenaclul Flacăra. De asemenea, în emisiunea lui Tudor Vornicu, am înregistrat melodiile "Vis de noapte", "De când tu ai plecat" și „Numai dragoste", având ca redactor muzical pe Lidia Boieriu (Oprea) și textier pe George Oprea.

„Regret faptul că în România aș mai fi avut multe de spus..."

- **Ai regrete că ai părăsit România? Cum ai regăsit România cînd te-ai reîntors după anii '90?**

- Da și Nu! Era greu în aceea perioadă să supraviețuiesc fără Televiziune și fără turnee. Dacă aveam condiții favorabile și demne atunci, cu siguranță nu aș fi plecat. Îmi aduc aminte că venisem în România în timpul Ramadamului și m-am întâlnit cu Corina Chiriac care mi-a spus: „Vai Maria, să știi că ai mare noroc că tu ai contracte și poți pleca... uită-te la mine, eu niciodată nu am fost nicăieri". Pe scurt, financiar nu regret, dar regret faptul că în România aș mai fi avut multe de spus, dacă mi s-ar fi dat posibilitatea. Am iubit publicul românesc și mă simțeam iubită! Poate m-am născut prea repede și nu la locul potrivit!

- **Ai mai încercat să revii în muzica românească la reîntoarcerea ta în țară? De ce crezi că nu ai reușit să te impui din nou?**

- Nu prea am încercat cu adevărat să revin în țară după

Revoluție, deoarece încă aveam posibilitatea să mă întorc la Cairo. Dar am trecut prin Televiziune și am fost invitată de Liviu Tudor Samuilă și Ileana Pop, în direct, unde am dat un interviu și am cântat. Emisiuea a avut un mare succes... era 1991. Se schimbaseră multe... cei care pe mine mă ajutau să apar la TV, nu mai erau și am înțeles că îmi va fi foarte greu să fiu preferata redactorilor muzicali de atunci și m-am făcut din nou bocceluța și am plecat în Cairo, deși sufletul meu ar fi vrut să rămân în țară.

"Fetița mea are o ureche muzicală senzațională cu care eu nu mă pot lăuda..."

- Unde te afli acum? Știu că ai o fetița, îți moștenește talentul muzical?

- Acum sunt stabilită în Ungaria, din 1998, unde trăiesc alături de soțul meu Ludwig și fetița mea Julia, în vârstă de 14 ani. Julia a moștenit din talentul meu și are o ureche muzicală senzațională cu care eu nu mă pot lăuda. Este elevă în clasa a VIII-a la un liceu particular de limba engleza și, după-masa, merge la școala de muzică, secția pian. Are o voce cu un un timbru dramatic și sunt tare mândră de ea... se pare că totuși ea ar vrea o carieră în medicină... rămâne de văzut.

„Sper să scot un eventual Best of... dacă se va ivi vreo posibilitate..."

- Cu ce te ocupi acum? Crezi că va fi posibilă să revii precum pasărea Phoenix pe scenă muzicală și în inimile românașilor?

- Sunt dedicată TOTAL fetiței mele și soțului meu... Am niște invitații de la Doru Ionescu, de la TVR, de la Andrei Partoș (Radio) și de la Sorin Teodoriu-Club... cam atât. Alte

Maria Nagy - Interviu

televiziuni nu cunosc și nici nu am relații ca să bat la ușa lor...
Oricum, eu sunt deja în studio și înregistrez câteva piese
pentru orice eventualitate (dacă cumva, într-o zi va suna
telefonul...). Din păcate nu am niciun disc înregistrat în
România, dar sper să scot eventual un „BEST OF", dacă se va
ivi vreo posibilitate.

**- Ce planuri de viitor ai? Un gând pentru cei care te-au iubit,
ți-au apreciat muzica și încă te mai iubesc, te-aș ruga...**

- Planuri? Sper, într-o eventuală reîntâlnire cu publicul
românesc, în special cu cei din generația mea, pentru că nu
cred că mai am timpul necesar să cuceresc și tineretul. Pentru
cei care mă cunosc le pot spune că încă am puterea și energia
sufletească să „trec rampa" și aș vrea să o și demonstrez, dacă
mi se va oferi posibilitatea. I WILL BE BACK! Sănătate, multe
bucurii în suflet și să ne vedem cu bine cât mai curând!

127

Ileana Șipoteanu

Mi-ar fi plăcut să fiu o mare cântăreață de operă.- Ileana Șipoteanu

Ileana Șipoteanu, Șipo, cum îi spun prietenii, are în spate o carieră muzicală bogată care cuprinde peste 100 de cântece, cântece în care cuvântul "iubire" este omniprezent. O femeie frumoasă, o prezență placută și o voce caldă, sensibilă și romantică care unește suflete, transmite emoție, alină inimi ranite, dar în același timp dă speranța celor care își caută dragostea și iubirea adevărată.

Șipo a cochetat și cu lumea teatrală și cinematografică unde a fost prezentă în câteva filme românești: „Singuri de revelion"(2005), "Mulineta Roșie(2005), "Peștele Verde"(2006), "Trupa de show"(2008), "Dramaticus(2009) și CRIZA SRL - Iubire Elena(2010-regia Geo Saizecu), Ileana fiind și absolventă a Facultații de Teatru HIPERION (1992-1996).

Recent am avut placerea să stau de vorbă cu Șipo și am apreciat candoarea, sinceritatea și stilul direct cu care mi-a răspuns întrebărilor mele... și rândurile de mai jos vă vor convinge de verdidicitatea celor afirmate mai sus.

- Vine, vine primăvara, se așterne-n toată țara... Cum se vede primăvara de la malul mării, Ileana?

- Am să plec de la refrenul unui cântec din repertoriul meu ce aparține compozitorului Dumitru Lupu, versuri Viorel Popescu:

„Primăvară, anotimp de joc,
Dor de ducă îmi aduci în sânge.
Hai, iubite, să o luăm din loc
Unde nimeni nu mai poate plânge.
Să uităm tristeți și zloată,
Să ne mai iubim odată!...
E zvon de primăvară,
În vise și în seve.
Și parcă-întâia oară
Văd florile aieve."

Din păcate nu mai putem vorbi de primăvară în adevăratul sens al cuvântului pentru că se trece de la iarnă direct la vară, mai ales la malul mării. Plaja este plină de iubitori de soare, de mare, în costume de baie că mă întreb: oare când o să înceapă sezonul, ce-o să mai facă?

Nu-mi vine să cred că pot să văd florile în toată splendoarea lor, că s-a încălzit timpul și putem să ne plimbăm cu bicicleta, că văd marea cum își schimbă culoarea aproape în fiecare zi, că văd oamenii pe stradă mai veseli, mai comunicativi. De-acum încolo... începe cu adevărat anul 2012. Fiind an electoral, deja, au început și ofertele de spectacol, ușor ușor, asta ca să nu se sperie nici artiștii care sunt foarte sensibili, nici cei care vor să ne impresioneze cu programele lor electorale supersofisticate, de cele mai multe ori pline de emoție și umor. (râde)

- Au trecut mai mult de 25 de ani de la debutul tău pe scena românească? Îți mai aduci aminte momentul?

- Da. De multe ori am spus că ar fi fost bine să nu fi întâlnit persoana care mi-a schimbat viața, la cât de multe am îndurat în meseria asta a noastră. Cine ştie ce profesoară sau ingineră simpatică aş fi fost!? Dar ştii cum este... la nervi dai orice. Nu este important ceea ce gândim la momentul respectiv, ci ceea ce facem pentru noi şi pentru cei din jurul nostru pe mai departe. Nu regret nimic...

Mi-aduc aminte perfect momentul debutului... eram o tânără de 18 ani care bătea la porţile unui teatru profesionist –Al. Davila din Piteşti- întâlnindu-mă cu omul care mi-a propus nu numai o schimbare de stil (eu cântând rock), ci şi o schimbare de viaţă. Nu-mi imaginam că o să ard etapele atât de repede încât după numai un an devenisem deja o artistă cunoscută cu un repertoriu personal. Este atât de important să ai şansa de a cânta alături de mari vedete ale muzicii, dansului şi teatrului românesc când de-abia ai prins aripi să zbori. Eu am avut acest noroc, am trecut prin foarte multe bune şi rele pe parcursul carierei mele artistice, şi, vă mărturisesc sincer, că mi-aduc aminte de fiecare moment al debutului meu.

Nu am apucat niciodată să aleg în viaţă. Nici meseria, nici colegii, nici echipa, nici prietenii. Din fericire (sau nu), am fost aleasă. Am avut şi perioade minunate pe care le-am petrecut alături de ei, dar şi momente de care nu vreau să-mi amintesc.

Prin natura zodiei mele (Rac) nu prea am fost o luptătoare, dar ambiţii am avut. Dacă aş fi luptat mai mult, sunt sigură că m-aş fi aflat într-un alt punct al carierei artistice. Multumesc lui Dumnezeu că sunt aici acum şi încă mai pot oferi alinare sufletelor oamenilor.

- Cum ţi se pare muzica de astazi? Ştiu - noi doi am mai vorbit în particular - că ai o dezamăgire... faptul că artiştii din vechea generaţie, inclusiv tu, nu mai sunteţi difuzaţi pe

posturile de radio și tv... care crezi că este motivul și cum se poate schimba această atitutdine a celor care difuzează muzica pe posturile de radio și tv?

- Dacă ne referim la artiștii de ieri și de azi nu cred că putem face o comparație. Muzica este frumoasă indiferent în ce perioadă trăim și avem slavă Domnului de toate felurile și pe toate gusturile. Asta nu au înțeles câțiva dintre realizatorii de emisiuni radio și televiziune... că este loc pentru toată lumea și cu atât mai mult pentru cei care au apucat să-și formeze un public și un repertoriu care să-i caracterizeze. Dacă lor nu le place un artist sau o melodie care nu sună așa cum vor ei, nu te difuzează, chiar dacă piesa are succes la public. Secolul XX m-a inventat, dar sec. XXI mi-a dat putere și speranță de bine. Nu am crezut -am avut certitudinea- că după revoluție lucrurile se vor schimba. M-am luptat de multe ori cu lipsa de bun simț, de respect și mai ales cu invidia și ignoranța unora, cu gusturile altora, dar una peste alta m-am luptat cu mine însămi. Am sentimentul că în toate domeniile lucrurile au mers din ce în ce mai prost.

Se spune că peștele de la cap se împute. Da, e-adevărat... dar se curăță de la coadă. Iar noi nu am făcut nimic în acest sens.

- Melodia „Îmi cânt iubirea", care a luat locul 2 în Top Românesc, ediția noiembrie 2011, face referire la Mitică (Dumitru Lupu, compozitor și soț, n.a)? El este acela care ți-a compus-o?

- Melodia se numește „Ești iubirea vieții mele". Nu știu la cine, sau la ce s-a gândit Lidia Moldoveanu când a scris textul... și nu știu nici la ce s-a gândit Mitică, atunci când a pus textul pe note, dar eu sigur m-am gândit la cei care mă ascultă, pentru că fiecare spectator, telespectator sau radioascultător merită o atenție deosebită și mulți se regăsesc în aceste versuri. Am emoții foarte mari atunci când lansez o piesa nouă. Ai vrea să fie un succes și să ajungă repede la sufletele lor. Din punctul ăsta de vedere am avut norocul de a colabora cu textieri de excepție care mi-au oferit toate sentimentele care se pot trăi pe acest pământ în versurile lor, și aici aș aminti pe: Mala Bărbulescu, Florin Pretorian, Carmen Aldea Vlad, Viorel Popescu și Florea Burtan.

Lumea și arta spectacolului sunt fascinante. Îmi place să merg la teatru, la balet, la cinematograf și de aceea mă bucur mult că am terminat o facultate de teatru pentru a fi o bună spectatoare. Sunt pretențioasă și din păcate în ziua de azi este un mare defect. Nu-ți mai poți realiza visele artistice așa cum ți-ai dori, prefer să investesc eu într-un proiect muzical decât să caut sponsori pentru că oricum mulți dintre ei nu înțeleg mare lucru și de cele mai multe ori dau bani ca să fie.

- Care este secretul casniciei voastre care durează de peste 25 de ani? Faptul ca sunteți din aceeași breaslă a muzicii, crezi că ajută?

- Să fii căsătorită cu un compozitor nu-i deloc ușor. Într-adevăr ai calea mult mai netedă către... abis, poți accede către un repertoriu unic și personal, poți avea propriul studio de înregistrări și să ai frustrări și nervi cât vrei, dar sigur vei avea discuții în contradictoriu cu el aproape de fiecare dată. Este normal să se întâmple așa și cred că toate astea duc la proiecte bune și viabile. Inclusiv la consolidarea familiei pentru că nu ai voie să petreci prea mult timp alături de artist la locul creației. (râde) Fiind din aceeași breaslă poți înțelege și accepta mai ușor plecările, haltele și sosirile unui artist, dar cel mai bine este atunci când fiecare îşi vede de partitura lui. Încrederea şi respectul reciproc odată format nu cred că mai lasă loc de suspiciuni... Dar niciodata să nu spui... niciodată! Iubirea este un sentiment puternic care poate dăuna sănătăţii şi nu ştii când te cuprinde ameţeala. (râde)

Sunt un om sociabil, îmi place să comunic cu oamenii, să le ascult poveştile de viaţă şi am o bucurie imensă când îmi spun că melodiile interpretate de mine le alină sufletele şi devin mai buni.

Cânt despre viaţă cu bucuriile şi necazurile ei, cânt despre iubire, tristeţe, dragoste, durere, pentru că fiecare sentiment în parte înseamnă altceva. Este o diferenţă de nuanţă între ele. Nu trăiesc întotdeauna aceste sentimente dar trebuie să le interpretez ca şi când le-aş trăi continuu. Am un respect deosebit pentru oamenii care ştiu ce vor şi fac tot posibilul să-şi atingă scopul, fără a fi nesimţiţi, şi nu dau înapoi când promit ceva, decât atunci când viaţa le-o cere.

- Aveţi o fată frumoasă şi talentată, Dumitrana. Câţi ani are? Spune-mi te rog dacă crezi că va apuca calea muzicii?

- Peste un an şi jumătate va deveni majoră şi sunt sigură că va şti ce are de făcut... Deocamdată se gândeşte cum va fi despărţirea de colegii din liceu, cum şi unde vor organiza banchetul, cine îi va face rochia şi cum vor arăta pantofii etc...

Işi doreşte să facă regie-film. Dacă va îmbrăţişa o carieră muzicală, asta nu pot să spun. Destinul şi vrerea lui Dumnezeu sperăm să-i călăuzească paşii.

- Ce face Ileana Şipoteanu în prezent? eşti o persoană iubită, dovadă fiind şi cei 5000 de prieteni de pe Facebook, care îţi

trimit mesaje şi dau like-uri la... "kilogram" de fiecare dată când postez vreo melodie de-a ta. Eşti încă iubită de publicul românesc. Unde mai cântă Ileana Şipoteanu? Mergi prin turnee, spectacole?

- Spectacole şi concerte din ce în ce mai rar, câte două-trei pe an şi din păcate mai mult în afara ţării. Românii de pretutindeni ne primesc cu bucurie, dragoste şi cu mult dor. În luna mai plec împreună cu Mitică, Gabi Dorobanţu, Mioara Velicu, Adriana Trandafir, Doina Mirea şi actorul Nae Alexandru în Israel. Am emoţii nu numai pentru turneu, dar şi pentru faptul că voi călca pentru prima dată pe pământul sfânt.

In ultima vreme este o modă de a cânta la petreceri private, nunţi, botezuri etc... De exemplu: dacă d-nul Popescu iubeşte melodiile interpretate de tine şi d-na Popescu melodiile unui alt solist... este musai ca organizatorul evenimentului să le satisfacă doleanţele indiferent cât îi costă. De multe ori sunt şi interesante aceste întâlniri, surprizele se ţin lanţ, muzică, distracţie şi toată lumea-i mulţumită.

- Care este cea mai mare satisfacţie a vieţii tale? Dar cea mai mare dezamăgire?

- Am avut multe satisfacţii de-a lungul vieţii, dar cea mai mare satisfacţie este când poţi ajuta şi poţi dărui bucurie, dragoste, împlinire celor din jurul tău. Nu-ţi imaginezi ce simt atunci când un vecin îmi spune: "Sunt fericit că vă întâlnesc, zâmbetul dumneavoastra îmi poartă noroc". Wauu! Şi pentru mine este o plăcere când întâlnesc oameni care îmi dau o stare de bine. Doresc să afle că sunt un om normal cu calităţi şi defecte şi mai ales că nu sunt intangibilă. Să nu mai creadă că trăim într-un glob de cristal. Îmi place să am un comportament casnic, să fac piaţa, să gătesc, să spăl etc.

Cât despre dezamăgiri... sunt la tot pasul, dar fiind o persoană pozitivă nu prea le dau importanţă.

Şi totuşi dezamăgirea mea este că nu am făcut o carieră în muzica clasică. Mi-ar fi plăcut să fiu o mare cântăreaţă de operă. Eh ! Poate într-o altă viaţă dac-ar fi s-o iau de la capăt. În acest moment simt că nu aş mai merge pe acelaşi drum. E frumos dar... sinuos. Succes, flori, scrisori, bucurii, umilinţe tot ceea ce înseamna viaţă de artist. Succesul este efemer. Rămâne însă eternitatea.

- Ileana, eu îţi doresc baftă şi sănătate, putere de muncă şi multe succese. Saru'mana pentru acest dialog sincer şi direct, şi, în final, te rog un mesaj pentru iubitorii de muzică...

- Mulţumesc la fel! Iubitorilor de muzică le doresc să aibă puterea de a selecta şi a trece prin filtrul gândirii tot ce este frumos şi adevărat în artă, iar fanilor mei le doresc ca existenţa lor să se convertească în "refrene de iubire" (titlul unui CD de-al meu).

Gabriel Dorobanțu

Am primit comenzi de la televiziuni să fac prologuri sau să scriu pentru actori... - Gabriel Dorobanțu

Gabi Dorobanțu este unul dintre ultimii romantici adevărați care rezistă pe meterezele muzicii românești, un sentimental cu rațiune (definiția îi aparține) a cărui muzică este un balsam pentru sufletele ascultătorilor. Gabi a ales muzica drept cea mai bună formă de exprimare a cuvântului "Te iubesc", a pledat pentru romantism și lirism și, ca dovadă, sunt cele 200 de piese care se regăsesc pe cele patru discuri de vinil și nouă CD-uri. Melodii ca "Ochii tăi", "Hai vino iar în gara noastră mică", "Niciodată", "Melancolie", "Noapte de amor" sau "Să nu vii iar să mă cauți" sunt adevărate șlagăre pe care orice romantic, care se respectă, le are în colecția sa muzicală.

Muzica lui Gabi Dorobanțu emană romantism și lirism și este o mărturie vie a succesului său și cu siguranță aceste șlagăre vor dăinui în timp și spațiu. Gabi Dorobanțu își iubește publicul și nu a acceptat niciodată să cânte melodii care nu-i spuneau nimic, din respect pentru public, dar și pentru că nu a vrut să facă doar exerciții muzicale. De câțiva ani, artistul s-a retras într-o zonă idilică, la Cornu, lângă Sinaia, unde deși nu există o gară mică, în schimb exista aer curat și liniște. Acum câteva zile l-am sunat pe Gabi să văd ce mai face un artist iubit de public, unul dintre ultimii romantici ai momentului, care încă mai încântă sufletele sensibile, care apreciază acest gen de muzică ce nu se erodează deloc în timp, ba dimpotrivă, precum vinul, devine mai căutată și mai gustată de publicul iubitor de muzică, care găsește timp pentru o muzică de calitate.

- Alo, Gabriel Dorobanțu?

- Alo, da... eu sunt!

- Salut Gabi! Sunt Viorel Vintilă... Spune-mi, te rog ce mai faci și cu ce te mai ocupi... am înțeles că ți-ai retras "amabasada" la Cornu, lângă Sinaia, într-o zona idilică și liniștită... este cumva o gară mică prin zonă?

- Salut! Trebuia să fac acest lucru pentru că deși sunt bucureștean și știu ce înseamnă un oraș mare, căutam un loc liniștit și cu aer curat și într-adevăr pot să spun că alegerea făcută nu a fost rea. Este și o gară mică, probabil este un destin, este o gară la Breaza care însă este aproape o ruină și este pe cale de desființare. Însă, când prietenii mă vizitează, cea mai apropiată gară este cea de la Câmpina, unde eu îi aștept și îi iau cu mașina acasă la mine.

- Cum arată o zi obișnuită din viața ta acolo la Cornu?

- Ca orice zi obișnuită din viața unui om, cu mese regulate și sănătoase, cu puțină gospodărie în jurul casei. Trăiesc ca un om obișnuit care nu consideră faptul că am un statut de artist mai cunoscut, care ar trebui să trăiască altcumva, deoarece pierzi relația cu lumea, cu tine însuți și lucrul acesta te împiedică să fii sincer atunci când gândești.

- Cum ți se pare noua generație în comparație cu generația ta? Știm cu toții că mulți din generația ta s-au pierdut, sau mai bine zis au fost abandonați și lăsați într-un raft virtual

prăfuit de către casele de discuri și de mass-media.

- Eu nu vreau să compar. Sigur că lumea se schimbă, timpurile sunt altele și trebuie să ne aliniem timpurilor de acum... încercăm să fim pe placul publicului, unii dintre noi reușim, alții nu... nu-i obligatoriu să facem generația de acum să ne înțeleagă, fiecare are o deschidere către lume pe care o primește prin educație și datorită pregătirii. Să sperăm că generația de acum este pregătită să ne înțeleagă și pe noi.

- În străinătate cântăreții de vârsta a doua și a treia încă umplu sălile de spectacole și sunt foarte iubiți de public, pe când la noi... este ca la noi... mulți dintre artiștii din generația mai veche sunt trași pe linie moartă. De ce acolo se poate, iar la noi, ba?

- Probabil că, acolo, industria muzicală există cu adevărat, impresarii de acolo nu sunt troglodiți, sunt oameni cu știința specacolului și cu știința de a fabrica vedete pentru public și în folosul publicului. Contează foarte mult să știi să muncești... din nefericire mulți dintre organizatorii și managerii de spectacole din România nu prea știu să muncească sau nu știu cu ce se "mănâncă" un spectacol.

„Succesul trebuie să fie clădit pe muncă, pe gust și pe pasiune"

- Spune-mi, te rog ceva despre tine care nu prea este știut de marele public... și aici mă refer la tabieturi, hobby-uri, mici secrete etc...

- Pot spune că eu nu prea am secrete... îmi place să mă întâlnesc cu prietenii mei de-o viață, bem o cafea împreună, nu-mi place să-mi petrec timpul la petreceri care durează mai mult de 2-3 ore pentru că mi se pare o pierdere de timp. Eu beau puțin de felul meu.... și prin urmare nu știu ce să discut după 2 pahare de vin pentru că mi se pare că totul devine ridicol și oamenii vorbesc mai tare decât ar trebui... îmi place să citesc... stau însă departe de calculator și de lumea virtuală pentru că în afara informațiilor pe care ți le poate oferi cred că-ți sucește puțin mintea și poate provoca dependență. De asemenea, îmi plac călătoriile și din când în când o iau și pe mama mea în deplasări sau în străinătate și mama este foarte fericită. Pe lângă casă ca orice om trebuie să am o pisică sau un câine... și nu sunt de rasă, sunt vagabonzi și păcat că nu știu să vorbească pentru că cred că mi-ar mulțumi pentru că le-am făcut o viață fericită!

- Probabil, ca și Mihai Constantinescu, iubești și tu câinii vagabonzi, nu?

- Având în vedere că am un câine pe care l-am luat de pe stradă atunci când m-am mutat la Cornu, cred că există dragoste și pentru câinii vagabonzi.

- Care crezi că sunt ingredientele unei cariere de succes și ce sfat ai da unuia care acum ar încerca să urmeze o carieră muzicală?

- Ca să ai o carieră de succes, trebuie să ai talent, trebuie să știi să muncești și trebuie să ai fler. Nu toate cântecele pe care vrei să le înregisrezi sau care ți se oferă pot să-ți asigure succesul. Succesul trebuie să fie clădit pe muncă, pe gust și pe pasiune, altfel nu poți să reușești.

- Ce planuri pentru viitorul apropiat ai și ce ți-ai dori cel mai mult să se întâmple în viața ta de acum încolo? Știu că ai lucrat în teatru, nu-i așa?

139

- Am lucrat o perioadă cu Teatrul Constantin Tănase, am făcut divertisment și teatru de revistă... am început să scriu momente comice pentru prietenii mei actori de la teatru și mi-au spus că am talent și umor și chestia asta m-a încurajat și chiar am primit comenzi de la televiziuni să fac prologuri sau să scriu pentru actori. Vis-a-vis de muzică, nu vreau să mai fac CD-uri și să oblig publicul să cumpere CD-urile mele pentru că muzica se fură de pe Internet și eu nu vreau să muncesc ca să-mi fie furată munca.

„Mă gândesc cum să fac un concert frumos cu orchestră"

- Prietenul nostru comun, Gigi Gheorghiu, mi-a spus ca ai un umor deosebit și că în compania ta râde și se simte excelent... așa că nu mă surprinde ce mi-ai spus acum.

- Așa spun ei și chiar m-am convins și eu că am replică și că am un spirit critic destul de dezvoltat ca să pot să fac oamenii să râdă atunci când am o părere.

- Este posibilă o carieră în domeniul umorului?

- Nu poate fi vorba de o carieră în acest moment... dacă aveam 20 de ani, poate alta ar fi fost situația. Acum însă mă gândesc cum să fac un concert frumos cu orchestră așa cum ar trebui să facă un cântăreț cu experiență ca a mea... din nefericire nu găsesc sprijin și înțelegere pentru acest lucru, prin urmare trebuie să renunț.

- Gabi, eu îți doresc multă baftă, sănătate și succese pe toate planurile. Te rog să transmiți un mesaj iubitorilor de muzică în general și fanilor tăi în special.

- Mulțumesc mult asemenea. Cred că fiecare trebuie să-și asculte muzica pe care o înțelege și în care se regăsește. Cei care ascultă muzica mea, poate că se regăsesc în cantecele mele și se bucură mai mult decât alții. Eu le doresc tuturor gândurile cele mai bune, să aibă succese în viață, bani mulți și celor care sunt foarte tineri dacă pot să-și facă o carieră stralucită având un ideal extraordinar pentru viață. Cei care iubesc muzica mea mă pot găsi și în virtual pe adresa *www.gabrieldorobantu.ro*, unde pot asculta muzica mea și afla mai multe informații despre mine.

Dumitru-Dorin Prunariu

Dintr-un zbor cosmic te întorci mult mai stăpân pe tine, mai matur, mai apropiat de oameni și de natură, cu o viziune mult mai globală asupra fenomenelor și activităților terestre. - Dumitru Prunariu

Când spui Dumitru Prunariu, spui primul român în spațiul extraterestru. Dumitru Prunariu este un bun național al tuturor românilor, de care noi, românii, suntem foarte mândri, o valoare cu care ne fălim și ne „etalăm" lumii întregi.

Au trecut mai mult de 50 de ani, de când Iuri Gagarin s-a desprins de pe Terra și pentru 108 de minute s-a aflat în spațiul cosmic, fiind deschizătorul unei noi ere, devenind un simbol cosmic al Planetei Pământ - o victorie extraordinară a Omului. Cine ar fi crezut atunci că Dumitru Prunariu, care avea doar 8 ani și jumătate, va deveni el însuși un „Gagarin" de România, după 20 de ani de la ieșirea în imponderabilitate a lui Iuri Gagarin.

Au trecut mai bine de 30 de ani de la zborul în spațiul cosmic al unicului cosmonaut român care, la acel moment dat, era al 103-lea cosmonaut care se lansa în lumea intergalactică. În seara de 14 mai 1981, Dumitru Prunariu își începea „excursia" către stele, „excursie" care avea să dureze 7 zile, 20 de ore, 42 de minute, perioadă în care a zburat în jurul pământului cu o viteză de 28. 500 km pe oră, la o altitudine medie de 350 km, la bordul navetei spațiale Soyuz- 40 și al stației orbitale Saliut-6.

Astfel, Dumitru Dorin Prunariu - acesta este numele lui complet - intră în istorie, România devenind în anul 1981, cea de-a XI- a țara care a trimis un om în Cosmos. Pentru Dumitru Prunariu, acele momente unice au fost încununarea și rezultatul unor ani lungi de muncă asiduă și de eforturi extraordinare depuse, care de foarte multe ori depășeau limitele condiției umane.

Dumitru Prunariu spunea, la revenire pe Terra, că: „În cosmos, universul tău apropiat nu mai este reprezentat de casă, stradă, vecini, ci de însăși planetă natală".

Dumitru Prunariu se poate mândri cu faptul că din aproximativ șase miliarde de pământeni, el este unul dintre cei 520 de pământeni, care a reușit să stea de „vorba" cu... stelele.

Acum, general maior în rezervă, Prunariu este președintele Asociației Exploratorilor Spațiului Cosmic - singura asociație profesională a cosmonauților, cu 350 membri din 37 de țări, și, între 2010-2012, deține și funcția de președinte al Comitetului ONU pentru Explorarea Pașnică a Spațiului Extraatmosferic.

Recent am avut deosebita plăcere și onoare să stau de vorba cu concitadinul meu (mă laud și eu că am ceva în comun cu Dumitru Prunariu - orașul Brașov) și în urma acestui dialog am aflat lucruri foarte interesante, pe care eu, unul, nu le știam, și pe care vi le împărtășesc în rândurile de mai jos:

- Stimate domnule Dumitru Prunariu, ați fost al 103-lea pământean care a ajuns în spațiu, iar România a noua țară care își promova capacitatea științifică în spațiu prin intermediul unui cosmonaut propriu. Spuneți-mi, vă rog, cum a ajuns Dumitru Prunariu să fie selecționat să zboare

143

alături de Leonid Popov la bordul navei Soyuz-40?

- Am fost selecționat în calitatea de candidat cosmonaut în 1977, când îmi efectuam stagiul militar la Școala de Ofițeri de Rezervă Aviație din Bacău. Inițial, am aplicat voluntar pentru a face parte din grupul de candidați doar pentru câteva avantaje minore: plăcerea de a fi transportat de un avion militar, un set de analize medicale complete, și, nu în ultimul rând, bucuria de a-mi revedea soția care era încă studentă la București.

Apoi am înțeles că lucrurile îmbracă o dezvoltare mai profundă, mai serioasă, iar raportarea mea a devenit una corespunzătoare. Am început să aflu tot mai multe despre acest domeniu de activitate, care este diferit de aviație, și am devenit pasionat de el.

Astfel, am ajuns să fiu selecționat în primul grup de candidați cosmonauți români și am reușit să rămân între cei doi care au efectuat pregătirea completă pentru a zbura în spațiul cosmic, în Centrul de Pregătire a Cosmonauților „Iuri Gagarin", de lângă Moscova. În momentul în care am ajuns în „orășelul cosmonauților" și am început pregătirea pentru zborul cosmic, vedeam nivelul colegilor noștri ruși care aveau deja în spate cel puțin trei ani de pregătire susținută și mă gândeam că va fi foarte greu să-i ajung din urmă.

Am beneficiat însă de un program foarte riguros și gândit sistematic, în cadrul căruia am abordat fiecare fază de pregătire într-un mod științific, bine determinat și chiar particularizat pe fiecare individ. Astfel, am ajuns la niște performanțe deosebite atât în cunoașterea tehnologiei spațiale, a navei cosmice și a echipamentelor, cât și al aparatelor care o dotează, a corelării informațiilor la nivelul ei.

Vă rog să mă credeți că într-o navă cosmică sunt foarte multe echipamente care furnizează simultan, o mulțime de informații pe care trebuie să le corelezi și să tragi concluzii oportune, obiective. După trei ani de pregătire, recomandat de rezultatele obținute, am fost selecționat ca principal candidat pentru a reprezenta România pentru prima dată în spațiul extra-atmosferic

- Ați petrecut aproape 8 zile în spațiu. Cum arată o zi spațiala? Care era programul zilnic la peste 350 de km distanță de Terra?

- O zi la bordul stației cosmice orbitale este ca o zi obișnuită de activitate într-un laborator științific pe pământ. Noi lucram după un program de 24 de ore, după care funcționa ciclul nostru biologic. Pe la 11 seara după ceas acopeream hublourile, stingeam lumina, se făcea întuneric în navă și dormeam 8 ore, indiferent de lumina, sau întunericul de afară. Ne trezeam de obicei pe la 7, uneori chiar 8 dimineața, descopeream hublourile, aprindeam lămpile din interior și pentru noi începea ziua de lucru.

Sunt posturi de lucru, sunt echipamente, sunt aparate științifice în funcțiune, urmărești înregistrările și interpretezi datele. După o scurtă pauză de prânz, continui activitatea, uneori până seara târziu, în funcție de cât de complex este experimentul. Înainte de culcare ai ceva timp la dispoziție. Comunicațiile cu cei de la sol constituiau o problema atunci pentru că trebuiau făcute numai în niște ferestre de timp foarte bine delimitate. Acum există conexiune video, există posibilitatea de a comunica cu solul permanent, există

145

posibilitatea de a comunica cu prietenii pe internet – în cadrul zborului nostru nu beneficiam de aşa ceva. Eu, atunci când aveam timp liber, mă plasam în faţa unuia dintre hublouri şi priveam pământul. Este foarte interesant să vezi ceea ce se petrece la nivelul solului, la nivelul unui continent întreg dintr-o singură privire, live, în timp real. Cred că m-aş reîntoarce în spaţiul cosmic măcar pentru a mai admira încă odată pământul de acolo, de sus.

Cât despre mese, acestea erau prestabilite, normale, singura diferenţă fiind senzaţia de saţietate. Acolo mâncarea ajungea în stomac, dar plutea în interiorul lui, fără "să cadă" pe pereţi; la primele două mese, simţeam că mâncarea îmi rămânea în gât, înghiteam şi o simţeam tot acolo.

- Cum se acomodează corpul uman la lipsa de gravitaţie în spaţiu? În cât timp se face adaptarea la noua stare de imponderabilitate?

- La început este superb, dar încetul cu încetul încep să apară modificări în organism, iar primele senzaţii de disconfort se simt cam după una-două ore de zbor. Lipsa gravitaţiei duce la perturbarea funcţiilor normale ale organismului. În primul rând, se modifică circulaţia sanguină în spaţiul cosmic. Nu mai există presiunea hidrostatică, atracţia sângelui spre partea de jos a corpului, iar prin natura funcţionării lui, el să fie uniform distribuit în organism aşa cum se întâmpla în condiţii normale, pentru orice om. Acolo, în cosmos, dispărând presiunea hidro-statică, organismul are o reacţie de pompare a sângelui în partea superioară a corpului, practic, de la mijloc în sus simţeai o suprapresiune, chiar dureri de cap, mucoasele erau inflamate, iar în partea de jos ajungeai să îţi fie frig la picioare pentru că alimentarea cu sânge era deficitară. În momentul în care ajungi în această situație, organismul are o reacție inversă la noi stimuli, caută să se adapteze la noile condiții. Numai că, adaptarea nu se face imediat, se face în câteva zile, astfel încât abia în a treia, a patra zi de zbor cosmic am început să ne resimțim normal și să avem senzația că totul este bine ca echilibru interior în corpul nostru. Dacă la început sângele îti venea în cap, aveai automat senzația că stai cu capul în jos. Deci orice poziție aveai în interiorul navei cosmice, organismul nostru, creierul nostru ne transmitea informația că noi stăm cu capul în jos și că toate celelalte obiecte sunt altfel distribuite în jurul nostru. Din ziua a treia de zbor cosmic aveam impresia că stăm orizontal, ca și când am sta într-un pat, iar abia prin a patra, a cincea zi, am avut senzația că stăm în sfârșit vertical, în picioare, deci, sângele avea din nou o distribuției uniformă în organism, în condiții de imponderabilitate. În imponderabi-litate nu mai simți greutatea capului, având impresia că nu-l mai ai. Apar perturbații vestibulare, nu trebuie să te miști foarte rapid că organismul, nemaiavând reacția gravitației, nu știe exact spre ce te orientezi, care ar putea fi josul și susul, care sus nu mai există, de fapt, în spațiul cosmic. Apar o serie de senzații false, tocmai provocate de această lipsă a gravitației. Apar modificări în structura osoasă, organismul nu își mai poartă propria greutate, coloana vertebrală se alungește puțin, ai dureri în coloana vertebrală. Există și alte percepții mai speciale datorate radiațiilor cosmice care, "lovind" retina și nervul optic, te fac să vezi cu ochii deschiși stele de diferite culori apărând și dispărând din fața ochilor. Toate aceste stări, cauzate de imponderabilitate, nu pot fi simulate la sol. Când revii pe Pământ toate aceste efecte se petrec în sens invers.

- **Ceva întâmplări hazlii pe parcursul celor aproape 8 zile de imponderabilitate?**

- Într-una din după-amieze, într-o pauză fiind, şi destul de obosit, efectiv am închis ochii şi am adormit preţ de 10-15 minute. În condiţii de imponderabilitate, în poziţia de relaxare maximă a muşchilor, iei poziţia fătului. Colegii mi-au povestit ulterior că s-au jucat cu mine, împingându-mă uşor de la unul la altul (râde).

- **Cum v-aţi readaptat la condiţile normale de pe Terra? Am înţeles, că după aterizare, tranziţia către greutatea normala este destul de dureroasă?**

- După adaptarea la imponderabilitate, readaptarea la condiţiile normale terestre constituie un efort şi mai mare pentru organism. Se consideră că organismul este complet readaptat terestru după tot atâta timp cât a durat zborul cosmic. Aşadar noi, abia după vreo 8 zile am fost complet readaptaţi la condiţiile Terrei. Prima reacţie după coborâre este de prăbuşire, muşchii nu te mai ascultă, aparatul vestibular este puternic perturbat şi cum întorceam puţin capul, aveam impresia că se răstoarnă Pământul cu noi. Încet, încet, îţi revii şi organismul îşi aminteşte definitiv de condiţiile de gravitaţie în care s-a născut şi a crescut până la zborul cosmic.

- **Când credeţi că un alt român va reuşi performanţa dumnea-voastră?**

- România poate da sute de cosmonauţi, important este să aibă cine să îi trimită în spaţiul cosmic. Marea problemă nu este că nu există candidaţi cosmonauţi, ci că există o mare criză de lansatoare în spaţiul cosmic. Naveta spaţială americană nu mai zboară. Toate navetele americane vor fi donate muzeelor, iar pentru un anumit număr de ani americanii vor zbura cu nave ruseşti Soyuz. În perioada în care am zburat eu, în 1981, nimeni nu s-ar fi gândit că din competiţia aceea acerbă din perioada Războiului Rece se va ajunge la o colaborare atât de dezvoltată încât americanii să îşi trimită oamenii în cosmos cu nave ruseşti.

O altă ţară care are capacitatea de a trimite oameni în cosmos, şi a făcut-o începând cu 2003, este China, care are sisteme proprii. Pe 20 septembrie 2011 a lansat primul modul al unei staţii cosmice şi a anunţat că în 2020 va aduce primele mostre de sol lunar în regim automat şi pregăteşte un program spaţial de anvergură. Principala problemă care trebuie depăşită când se convine asupra unui program spaţial internaţional este una politică şi apoi economică. Deci, România, pentru a selecţiona şi a trimite un nou cosmonaut în spaţiu are nevoie de o legătură foarte strânsă cu cine trimite în spaţiul cosmic şi de o colaborare economică şi ştiinţifică pentru a putea încadra acel cosmonaut într-un program. În momentul de faţă, nu vreau să fac alte comentarii legate de relaţiile noastre internaţionale, dar singura noastră şansă de a participa la o selecţie de cosmonauţi este în cadrul Agenţiei Spaţiale Europene unde, ca membri cu drepturi depline, avem dreptul de a participa. Aici, o ultimă fază de selecţie s-a încheiat în 2009. Din 8400 de candidaţi au fost aleşi şase, care urmează un curs de pregătire complet, specializări, apoi urmează să stea la coadă după alte detaşamente de cosmonauţi selectaţi anterior şi cosmonauţii care sunt deja cu experienţă, trimişi să efectueze experimente complexe. Aşadar, cei care au fost selectaţi în 2009 vor zbura în spaţiul cosmic după 12-15 ani. Dacă România va participa la o nouă fază de selecție, aceasta ar putea fi peste trei, patru sau cinci ani. Nu s-a stabilit termenul deoarece rândul Europei de a avea un cosmonaut la bordul unui Soyuz nu vine prea des. Dacă, să zicem peste 4 ani va fi selecționat un cosmonaut român, peste vreo 20 de ani ar avea șansa să zboare în spațiu.

- După aproape 8 zile petrecute în spațiu, viziunea d-voastră vis-a-vis de Planeta Terra a suferit ceva schimbări?

- Dimensiunea fizică a pământului o percepi ușor, o vezi, o măsori, este evidentă, dar în același timp conștientizezi că pământul este unic pentru omenire, conștientizezi faptul că acest pământ reprezintă unica sursă de viață pentru noi și că omenirea ar trebui să se raporteze puțin altfel la pământ.

Poate că mulți politicieni ar trebui să zboare în spațiul cosmic pentru a lua decizii oportune, raționale vizavi de problemele globului terestru. Probabil că multe neplăceri pe care le avem acum datorită perturbării unor procese terestre la nivel global, nu ar fi existat dacă oamenii ar fi înțeles ce reprezintă acest pământ pentru omenire și ce se întâmplă cu el dacă îl afectăm în diferite zone.

Toate acestea reprezintă niște precepte și niște raportări morale la pământ diferite față de cele concret fizice, observabile. Toți cosmonauții au înțeles ce reprezintă acest pământ pentru noi și s-au întors mult mai responsabili și mai devotați unor activități care să conștientizeze lumea asupra importanței protejării globului terestru.

- Când credeți că omenirea va cuceri Planeta Marte? Când va fi posibilă o amarsizare?

- O oportunitate de amarsizare din punct de vedere al

conjunc-turii planetelor este în 2031. Nu ştiu dacă întreprinzătorii cosmici (guvernele în acest caz) vor fi pregătite să trimită oameni. Problema nu este tehnologia folosită, ci condiţiile cosmice cărora un echipaj uman ar trebui să le facă faţă un timp atât de îndelungat departe de câmpurile de protecţie terestre. Este vorba mai ales de nivelul de radiaţii interplanetar care este diferit de cel din preajma Terrei. Nu se riscă să trimiţi oameni sănătoşi şi să-i aduci înapoi cu afecţiuni, irecuperabili poate. Se fac încă studii.

- Ştiu că aveţi doi baieţi. Vă moştenesc "microbul" cosmic?

- Corect. Am doi fii. Cel mic (34 de ani) lucrează în domeniul relaţiilor publice şi comunicării în cadrul unei companii private, cel mare (36 de ani) a moştenit microbul zborului şi după ce a fost sportiv, campion naţional la acrobaţie aeriană, comandant de aeroclub, apoi inspector de zbor în cadrul Autoritaţii Aeronautice Civile Române, acum este pilot comercial, comandant în cadrul companiei TAROM.

- Planuri de viitor?

- Planuri de viitor? Sunt încă tânăr. Anul acesta împlinesc doar 60 de ani (râde). Voi continua activitatea cosmică, mai ales pe cea internaţională.

- Vă mulţumesc foarte mult pentru acest interviu şi vă doresc multă putere de muncă în continuare. Prin oameni ca dumneavoastră, România are numai de câştigat.

Carmen Harra

Eu mă consider un vizionar, un om care crede în puterea minții de a trece dincolo de granițele lui fizice... - Carmen Harra

Carmen Harra (fostă Carmen Mureșan) a fost o cântăreață de succes în România și mărturie stau și cele 12 discuri scoase până la plecarea ei către EL Dorado-ul American. În România, Carmen Hara a absolvit Universitatea Babes-Bolyai unde a obținut o diplomă în filozofie și în filologie. Ajunsă în USA, Carmen si-a aprofundat studiile și a obținut un Ph.D. în Hypnosis and Alternative Healing și un Ph.D. în Clinical Psychology. Carmen Harra a întâlnit și chiar a consiliat multe personalități din lumea politică, dar și a vedetelor de la Hollywood, printre care: Hillary Clinton, Bill Clinton, Barbara Walters, Joy Behar, Elisabeth Hasslehoff, Nancy Pelosi, Candice Bergen, Jennifer Lopez, Whoopi Goldberg, Ben Affleck, Liza Minnelli, Kathy Najimi, Caroline Rhea, Jerry Springer, Denise Rich, Courtney Cox.

În ultimii șase ani, Carmen Harra a fost gazda a trei cunoscute posturi de radio: Sirius Satellite, HealthyLife Network, and Contact Talk Radio, unde răspundea în direct ascultătorilor.

Apariții TV: Good Morning America, The View, Fox News, The Today Show, The CBS Early Show, What's the Buzz on ABC, Telemundo, America Vive, Channel 11 Morning Show, Good Day New York, NBC 10, The Strategy Room, BetterTV, NBC Tampa Morning Show, NBC Miami Morning Show, ABC

Jacksonville Morning Show.

Carmen Harra este un nume foarte căutat în USA de către VIP-uri, fie ele din sfera politicului sau din showbiz, numele ei fiind sinonim cu succesul; este o personalitate versatilă, autoare a șase cărți best seller, traduse în mai multe limbi. Carmen Hara nu și-a uitat însă prima ei dragoste, muzica, și a înregistrat și în USA 3 CD-uri, avându-l ca producător pe Keith Lentin.

În prezent locuiește la New York, dar are o casa și în Florida unde își petrece o parte din timp. Doamna Carmen Harra oferă celor interesați consultații prin telefon sau via email și poate fi contactată pe: *http://www.carmenharra.com.*

- Sărutmâna, stimată doamnă Carmen Harra. În România ați fost cunoscută sub numele de Carmen Mureșan și erați o cântăreață de succes a trupei Trio Expres. După ce ați plecat în America, ați devenit Carmen Harra. De ce ați ales numele Harra?

- Am ales numele de Harra, deoarece am considerat ca acest nume are de-a face cu noua mea carieră pe care am ales-o în USA, și anume, de a scrie cărți și de a lucra în acest domeniu al spiritualității, unde încerc să ajut oamenii să-și vindece rănile sufletești pe care toți le experimentăm la un moment dat în viață. Cuvântul „hara", în grecește, înseamnă bucurie, energie pozitivă, balanță în viață. De asemenea, în hinduism, înseamnă o formă de terapie și înțelepciune.

- Vă considerați un doctor de suflet? Credeți că sunteți un vizionar?

- Eu mă consider un vizionar, un om care crede în puterea

minții de a trece dincolo de granițele lui fizice și consider că toți avem viziuni și percepții, dar nu toți știu să le folosească. Sunt un promotor al ideii de spiritualitate, al ideii de bine, de progres la nivelul gândirii și cred că dacă ai viziuni și crezi în aceste viziuni, poți anticipa multe lucruri și poți realiza mai multe în viață. Trebuie să crezi în intuiția ta personală pentru a creea o variantă cât mai pozitivă a propriului tău destin.

- Când ați părăsit România? Cum a fost impactul cu USA?

- Am părăsit România în anul 1983, prima data am stat în Suedia, apoi am ajuns în State. Impactul a fost foarte greu, pentru că eu am avut lumea mea frumoasă în România, eram „in a bubble", eram un cântăreț de succes, aplaudat, unde aveam toate ușile deschise. Dintr-o dată m-am trezit în occident și parcă îți pierzi identitatea. A fost o perioada foarte dură și părerea mea este că imigrația este foarte grea și este dificil pentru mulți emigranți să se adapteze unui alt stil de gândire. Eu am rămas Carmen Mureșan, cântăreața, la care am adaugat pe Carmen Harra, scriitorul, care a avut copii și si-a făcut o familie.

În USA, l-am cunoscut pe soțul meu și viața în doi a fost mai ușor de luat în piept, aici, departe de țară. A fost un purgatoriu pentru mine, am învățat foarte multe... am învățat că pe Pamânt nu este numai o religie ortodoxă, ci sunt foarte multe alte concepte și sunt diferite feluri de a gândi; am descoperit și am învățat că lumea trebuie să trăiască în unitate.

Am îmbrățișat cu multă plăcere oportunitatea de a trăi într-un alt sistem și am comparat cum am trăit eu în tinerețe, în România, și cum am trăit în partea a doua a vieții, în USA... am încercat să fac tot felul de paralele între cum am trăit în

România și cum am trăit în USA. Și aici, nu spun ca lumea din USA este mai bună sau mai proastă. Lumea americană este o compilație de tot felul de gânduri, de tot felul de nații, de tot felul de lucruri care se „interwined" (se îngemânează- n.a.) și creează o unitate de gândire, o unitate de diferite nații care fiecare vine cu varietatea lui și este extraordinar să vezi atâtea popoare diferite care conviețuiesc împreună; trăind în New York, parcă ai fi în Babylon.

- Locuiți și în New York și în Florida? Unde stați mai mult?

- Cel mai mult în New York, unde am stat 26 de ani. Dar am o casă și în Florida.

- V-ați mai întoarce să locuți permanent în România?

- Niciodată! și spun asta din cauza mentalității din România. Daca s-ar schimba mentalitatea, categoric m-aș întoarce, pentru că nimic nu mi se pare mai frumos decât țara noastră.

- Știu că aveți trei fete? A mostenit vreuna dintre ele capacitățile dumneavoastră paranormale?

- Da, fata mea mai mică, Alexandra... nu știu însă dacă a moștenit sau pur și simplu a fost fascinată și a dat mai multă importanță acestor lucuri... ea a început să și lucreze pentru compania mea, a terminat o facultate în New York unde și-a luat un doctorat în „creative writing"... lucrând mai mult cu mine, s-a inițiat foarte mult și cred ca si-a dezvoltat această abilitate de a începe să perceapă lucrurile altfel și de a-și folosi mai mult mintea dincolo de spațiul ăsta limitat.

- Cum vi se pare diaspora românească, care, în opinia mea, există, dar lipsește cu desăvârșire. De ce nu vedem și la români o unitate cum văd la alte nații, cum ar fi, grecii,

evreii, italienii și multe popoare din Asia, care se ajuta mult unii pe alții și lasă deoparte conceptul "capra vecinului"?

- Așa este. Într-adevăr, mă uit la greci, la italieni, la francezi cum se ajută, cum se protejează unii pe alții, cum sunt adunați împreună într-o comunitate față de comunitatea noastră care este dispersată, alienată și cu o mentalitate și o gândire greșită, că trebuie să ne săpăm, să ne acuzăm și să aruncăm cu pietre unii în alții. Este timpul să schimbăm această atitudine, această gândire, măcar pentru generațiile care vin, să nu mai persiste în această mentalitate negativă. Este un mare proverb al lui Einstein care spune: „Vrei să-ți schimbi viața, schimbă-ți gândirea". Românul este superb, este minunat, este un om bun, este frumos fizic, este generos, dar are o boala care trebuie să ne-o vindecăm, și anume, această invidie, această răutate la adresa semenului său.

- **Din păcate, în opinia mea, și noua generație moștenește acest sindrom mioritic, această mentalitate „să moară capra vecinului" și nu văd prea curând o schimbare pozitivă, ca atitudine, nici în generația care vine.**

- Da! S-a transferat această vibrație, această karma, această energie care se transferă prin generații în continuare, dacă nu se face nimic. Dacă continuăm să mergem pe aceleași principii greșite și același mod negativ de a gândi, ne va duce undeva spre evul mediu.

- **Sunt curios să aflu, când faceți predicții, pe ce vă bazați? Aveți o imagine vizuală a predicției sau care este procesul care duce la o predicție?**

- Predicțiile se fac de mii de ani. Biblia este plină de predicții, de profeții, despre Apocalipsa. Nostradamus le făcea prin calcule astrologice sau numerologice. Tot ce se asociază cu ideea numerologică, la datele de naștere, la momentele fizice pe care le trăim în lumea fizica pot fi interpretate, eu simt o intuiție în care cred... noi avem abilitatea asta de a trece dincolo de lumea fizică și a avea viziuni despre ce ne așteaptă și ce este în viitor. Mie nu îmi este frică de viitor.

- Daca vedeți în viitorul unei persoane ceva foarte negativ, un accident, sau o întamplare foarte nefericită, îi spuneți adevărul în față?

- Ii voi spune foarte delicat, dacă este ceva de care trebuie să se păzească... predicțiile se fac de mii de ani pentru ca să se prevină ceva. Eu cred că ce s-a spus în Biblie despre Apocalipsa a fost simbolul "hai să încercăm să schimbăm lumea..." este un moment crucial în care, ne prăbușim sau schimbăm omenirea... este alegerea noastră. Dacă îi spui unui om: "ai grijă că s-ar putea să ai o problemă", o spui cu gândul să previi ceva rău care s-ar putea să se întâmple.

- Credeți că fiecare dintre noi avem un destin prescris? Putem influența cumva acest destin?

- Eu cred că este un destin individual și un destin colectiv... cred că suntem desemnați să mergem pe un anume drum în viață. De exemplu, eu cred că destinul meu a fost să ajung cântăreață, a fost în destinul meu să ajung în America, a fost în destinul meu să scriu cărți, dar cred și în puterea noastră personală de a decide pentru noi și de a creea "a big version of yourself"... să nu-ți fie frică să te vezi urcând pe cele mai înalte culmi... să trăiești viața din plin, să încerci toate lucrurile frumoase și să nu-ți fie frică să realizezi lucruri extraordinare. Dacă mergi pe principiul ăsta, ceea ce gândești, vei aduce în viața ta, sunt acele legi al atracției... tot ce este în interiorul tău se manifestă în lumea ta exterioară, dar și în lumea ta fizică.

- Cum vedeți anul 2012? Cine credeti că va ieși Președinte în USA?

- Eu am anticipat că venirea lui Obama la conducere nu va aduce nicio schimbare, dimpotrivă... el nu a fost pregătit să ajungă Președinte... A fost ideea să pună pe cineva tânăr în Casa Alba... să se facă istorie... el fiind primul Președinte de culoare din istoria Statelor Unite. Parerea mea este că Hillary Clinton ar fi fost de o mie de ori mai pregatită pentru a fi Președinte, decât Obama. Eu personal nu il văd să câștige la alegerile din 2012. Dar nici pe Republicani nu îi vad să aiba un candidat puternic... eu zic că va fi o lovitură de teatru... asta anticipez... 2012 este un an al loviturilor de teatru.

Va fi anul unui colaps monetar, dar care este un lucru favorabil pentru că, în sfârșit, se va naște o nouă economie. Anul 2012 este anul revelațiilor, anul schimbărilor peste noapte, anul care va aduce mari transformari... nu este sfârșitul lumii, este, cum spun americanii, un "turning point", adică un punct de întoarcere către o altă lume, o lume mai bună de care avem nevoie, pentru că nu putem să continuam să trăim cum am trăit de sute de ani... ceva major se va întâmpla.

- Am citit că aveți un Ph.D. în "Hipnosys and Alternative Healing". Este aceasta o formă de terapie pe care o practicați?

- Eu folosesc psihologia cognititivă, ajut oamenii din punct de vedere psihologic să-și dea seama de problemele lor mentale, emoționale... combin psihologia cu toate științele astea vechi, de la numerologie până la felul în care știi să-ți folosești energia și până la accesarea subconștientului prin hipnoză.

- Vă mulțumesc pentru amabilitatea de a-mi acorda acest interviu și pentru final v-aș ruga să transmiteți un mesaj românilor de pretutindeni

- Eu am numai iubire și gânduri de bine pentru toți românii și sper că lucrurile se vor schimba spre bine. Sunt foarte convinsă că România va progresa și că lucrurile se vor îmbunătăți din toate punctele de vedere în anii care vin.

Adrian Enache

M-am simțit întotdeauna un răsfățat al publicului...
Adrian Enache

Nu a fost să fie nici cariera de fotbalist, care se anunța promițătoare, artistul ajungând să joace la nivel de juniori, dar nici meseria de inginer, practicată probabil la Combinatul Siderurgic din Galați (Adrian este absolvent al Institutului Politehnic, secția Metalurgie - n.n); pasiunea pentru muzică a fost mult mai puternică și, cu ajutorul Mihaelei Runceanu – un adevărat mentor și îndrumător – care l-a avut ca elev la Școala Populară de Arte, Adrian Enache a ales o carieră muzicală – și a ales foarte bine - o carieră, care peste ani avea să explodeze și să scoată la iveala un talent muzical deosebit – *one show/cool man!*

În anul 1990, debutul său muzical, ca solist solo, a fost un succes câștigând premiul al doilea la Festivalul Național de Muzică Mamaia. Adrian Enache este un *showman* care poate aborda atât muzică ușoară, cât și muzică pop sau rock. Este un tip cu o vitalitate debordantă, care deși este foarte exaltat, poate fi și un cântăreț sensibil cu o emotivitate foare mare.

În anul 1996, își lansează primul album, "E o nebunie", sub egida Intercont Music, ocazie cu care presa de specialitate l-a numit sex-simbolul muzicii românești. Copilul teribil al muzicii românești, cum i se mai spune în branșă, devine din ce în ce mai apreciat în muzica românească, datorită dinamismului, dar mai ales stilului său șarmant și cool pe care îl etalează pe scenele unde își face apariția. "Nebunia" continuă în anul 1999 cu lansarea celui de-al doilea album, cu un titlu sugestiv -„Nebun după Fe. Me. i", ocazie cu care este declarat solistul anului.

Adrian Enache este pe val și în anul 2002, când dă lovitura la festivalul național Mamaia câștigând trofeul cu melodia „O singură noapte" pe muzica lui Andrei Kerestely. Este și un foarte bun actor, de acest lucru convingând publicul, mai ales în anul 1999, când debutează ca actor la Teatrul Constantin Tănase din București, cu un rol principal în muzicalul "Nota 0 la purtare", piesă care a avut un mare succes și în care veleitățile de *showman* ale lui Adrian Enache au fost puse în evidență.

Prima sa dragoste, fotbalul, nu a rămas doar în stare latentă, ci se manifestă de fiecare dată când Naționala de Fotbal a Artiștilor, din care face parte, își face apariția pe gazon. Deși mulți artiști din generația lui Adrian Enache se regăsesc din ce în ce mai greu pe scenele muzicale sau pe posturile TV și radio, Adrian Enache refuză să aibă un statut de "has been" și continuă să fie activ, să susțină show-uri în țară și să se adapteze stilului curent de muzică, atacând și muzica de club. Secretul succesului lui Adrian Enache? Iată-l: "Cânt muzică din toate timpurile, în toate limbile pământului, lumea este în delir".

- Salutare, Adrian Enache! Ce mai faci și cu ce te mai ocupi?

- Muncim în studio pentru piese noi alături de băieții de la Free DeeJays pe care i-am descoperit anul acesta și cu care am mare succes în cluburi. Am început cu ei un remix la piesa mea "O singură noapte" şi am continuat, în vară, cu alte două remixuri, din care unul pentru o piesă lăutărească. Sunt foarte încântat de colaborarea asta şi lucrăm acum la un single nou. La remixul pentru piesa grecească "Pitsirika", ca să-ţi dau un exemplu, avem în două săptămâni peste 5000 de vizualizari pe *youtube*. Merg pe linia asta a muzicii de club pentru că, dintotdeauna, mi-a plăcut să arăt că mă pot adapta oricăror tendinţe. În rest, ne ocupăm de concerte prin ţară, de activitatea de la teatrul de revistă "Constantin Tănase" unde sunt angajat. Cam asta fac în linii mari...

"Când participam noi la festivalul Mamaia, lupta era foarte mare..."

- Câţi ani au trecut de la debutul tău în muzica românească? Care a fost piesa de debut?

- Păi să fie vreo 20 de ani, dar să ştii că nu-i simt. Sunt mai tînăr şi mai energic decît la debut, când am câştigat locul al doilea la "Mamaia" cu piesele "O zi" compusă de Dani Constantin şi lansată de Ricky Dandel şi "Alături de tine", piesă lansată de Adrian Daminescu, idolul meu din România. Laura Stoica, sora mea de scenă, obţinea atunci trofeul. A fost o ediţie valoroasă atunci. Participam la preselecţie câte o sută-două de tineri din care, în concurs, ajungeam doar 10-15. Ne pregăteam mult pentru a câştiga premii! Lupta era mare.

- Îmi aduc aminte că tu, împreuna cu Daniel Iordăchioaie şi AurelianTemişan, eraţi un trio foarte popular care făceaţi ravagii cu muzica voastră în rândul sexului frumos... Mai ţii legătura cu ei? Vă mai reuniţi să cântaţi împreună?

- Ţin legătura cu amândoi. Cu Temişan, mai mult, e drept pentru că facem parte amândoi din Naţionala de Fotbal a

Artiştilor cu care avem mare succes şi mai şi cântăm în duet pe la diverse evenimente. Cu Daniel, mai mult cînd ne întâlnim pe la diverse emisiuni, evenimente, dar am rămas în continuare în relaţii foarte bune. A fost o perioadă frumoasă de care îmi amintesc cu mare drag. Am avut împreună o perioadă de glorie la Teatrul "Toma Caragiu" din Ploieşti, câştigam toate premiile posibile cu colectivul de la Ploieşti la festivalurile din ţară. La Ploieşti ne-am bucurat de primul nostru Fanclub. Erau câteva fete care veneau des la spectacolele noastre de la teatru şi care au înfiinţat Fanclubul "3M" cu mulţi fani în toată ţara. Mulţi din fanii de acolo s-au transferat apoi la fanclubul "Adrian Enache" care există şi azi sub forma unei asociaţii.

"Cânt muzică din toate timpurile, în toate limbile pământului, lumea este în delir. Nu mă consider deloc depăşit, tras pe linie moartă."

- Cum ţi se pare muzica din ziua de azi, comparativ cu cea din generaţia ta? De ce crezi că generaţia ta este cumva trasă pe linie moartă şi muzica generaţiei tale nu se mai difuzează cum se difuza odată...

- Care muzică? (râde) Muzica de azi nu prea mai este muzică, sau oricum e foarte diferită de cea pe care o cântam când ne-am lansat. Eu unul, nu m-am simţit niciodată tras pe linie moartă. Chiar ziarul "Click" a scris recent că am avut un super show plătit cu 5000 de euro, unde a fost o atmosferă incendiară. Că nu sunt difuzat de radiourile particulare, asta este altceva. Ele difuzează oricum muzica pe cu totul alte criterii decît cele care privesc calitatea melodiei. Asta nu înseamnă că showurile pe care le susţin în ţară cu diferite ocazii, nu au mare succes. Cânt muzică din toate timpurile, în toate limbile pământului, lumea este în delir. Sunt la curent cu toate noutățile care apar peste tot. Lucrez cu cei mai în vogă muzicieni și publicul simte asta. Eu sunt dator fanilor mei să le ofer mereu lucruri noi, dar de calitate. Așa i-am obișnuit și nu vreau să deraiez de la mișcarea aceasta.

"Îmi place să împac toate gusturile."

- Participi în turnee? Pe unde te pot găsi fanii tăi?

- Cel mai sigur, fanii mă pot găsi la teatrul de revistă "Constantin Tănase", unde cânt în aproape toate spectacolele. Sunt foarte încântat să fac parte dintr-un colectiv atât de valoros din care mai fac parte Alexandru Arșinel, Stela Popescu, Cristina Stamate, Bianca Anghel, o voce mare, încă necunoscută la noi, dar foarte bună, mari artiști care bucură, săptămână de săptămână, publicul în spectacole. Apoi, cu ocazia diverselor evenimente la care sunt invitat în orașele din țară, dar și din străinătate. Mai nou, avem succes în cluburi, fie cu piesele produse de Free DeeJays, fie alături de tinerii de la Câmpina, trupa The Sixteens, pe care i-am descoperit datorită prietenilor mei de la trupa Alessis. Sunt foarte talentați și m-au impresionat că, deși nu au mai mult de 20 ani, cunosc foarte multă muzică veche și le place. Din momentul în care i-am ascultat prima dată, le-am spus direct: "Ai mei sunteți!"

- Cine îți compune muzica și piesele? Cu cine colaborezi ?

- Așa cum ți-am zis, mai nou, lucrez cu Free DeeJays, din care face parte Bogdan Tașcău, mai cunoscut ca "Dl. Problemă", care s-a axat și el în ultimii ani pe zona de club și îi merge foarte bine. Suntem colegi la Naţionala de Fotbal a Artiştilor. Am piese scrise şi de Papa Jr, dar nu renunţ nici la colaborările care m-au consacrat cu Andrei Kerestely, Viorel Gavrilă, Andrei Tudor, Ionel Tudor, care mi-a fost profesor la clasa Mihaela Runceanu-Ionel Tudor de la Şcoala Populară de Artă. Mai nou, prietenul şi colegul Ovidiu Komornyik mi-a promis o melodie. Deci, lucrăm! Nu suntem pe linie moartă...

- Ce proiecte muzicale de viitor ai?

- Îmi doresc să lansez pe viitor un material cu piesele produse de Free DeeJays pentru cei pasionaţi de genul acesta. Nu voi renunţa nici la genul care m-a consacrat căci îmi place să împac toate gusturile. Voi cânta de Revelion cum am făcut-o, în ultimii ani, la prietenul meu, Dorel Maria, la Complexul Orizont din Predeal, unde îi aştept pe toţi românii care doresc cu adevărat să se distreze.

- Stiu că ai doi copii. Crezi că îţi moştenesc talentul muzical?

- Şi Diana şi David îmi moştenesc talentul. Sunt firi artistice. Diana a jucat deja într-un serial de televiziune, are oferte pentru a fi model şi îi place să scrie şi are şi talent. Mă surprinde şi mă emoţionează de foarte multe ori cu textele pe care le scrie. David, fiind mai mic, merge foarte des la teatru şi îi place să analizeze ceea ce vede. Se contrazice cu regizorul asupra modului cum este pusă în scenă piesa. E un copil talentat. Sunt mândru de ei!

- Care sunt hobby-urile tale şi cu ce te ocupi în timpul liber?

- Fac foarte mult sport. Joc fotbal cu echipa de fotbal a artiştilor, merg de 2-3 ori pe săptămână la sală. Îmi place să călătoresc, să ies cu cei doi copii ai mei la film, în parc.

- În final, te-aş ruga să transmiţi un mesaj de încheiere pentru publicul românesc în general, dar şi pentru fanii tai...

- M-am simţit întotdeauna un răsfăţat al publicului român, fie că este vorba de cel care locuieşte în afara graniţelor, fie că este cel din ţară. Le mulţumesc tuturor pentru aplauzele care m-au încurajat de fiecare dată, iar fanilor pentru dragostea lor pe care o simt la fiecare pas. Fanii mei sunt nişte unicate ale naturii! Ei îţi oferă necondiţionat dragostea şi asta nu e puţin lucru!

Luminiţa Dobrescu

Eram un mare nume în România şi totuşi am preferat "exilul"
Luminiţa Dobrescu

"Şi acum, Cerbul de Aur – Luminţa Dobrescu, România!"- aşa suna prezentarea făcută de prezentatorii de atunci, Silviu Stănculescu şi Sanda Ţăranu, câştigătoarei "Cerbului de Aur", ediţia 1969, desfăşurată la Braşov şi transmisă de 25 de televiziuni din toată lumea.

Prima câştigătoare româncă a festivalului „Cerbul de Aur" (în 1969, cu piesa „Of, inimioară", a compozitorului Edmond Deda), era o tânără frumoasa, de 22 de ani, cu doi ochi negri, mari şi luminoşi, ca de caprioară, care în aplauzele furtunoase ale celor prezenţi, la Sala Teatrului Dramatic, a luat Cerbul de Aur de coarne, la propriu, dar şi la figurat; în acea zi de 10 martie 1969 se născuse o stea, o stea care, din păcate nu a apucat să strălucească prea mult pe tărâmurile mioritice, deoarcece, peste numai un an, Luminiţa avea să aleaga drumul străinătăţii cu destinaţia – Berlin, Germania!

Luminita Hortenzia – da, o mai cheamă şi Hortenzia, pentru că, în ziua în care s-a născut, tatăl ei a venit la spital cu un buchet de hortensii – Dobrescu se pare că a gasit elixirul tinereţii şi a reuşit să încetinească evoluţia nemiloasă a timpului...

Luminiţa Hortensia Dobrescu, în opinia mea, are un loc de

cinste în panteonul muzicii româneşti şi va rămâne un nume de referinţă în lumea muzicală românească, un nume care va fi asociat "forever" cu Cerbul de Aur – prima cântăreaţă din România câştigătoare a prestigiosului trofeu. Artista trăieşte acum la Stressa, în vestul lui Lago Maggiore, care se află în nordul Italiei, chiar pe graniţa cu Elveţia, un mic colţ de rai. Am avut deosebită plăcere să stau de vorbă cu Luminiţa Dobrescu şi am aflat lucruri foarte interesante şi inedite, aşa cum vă veţi convinge şi voi, stimaţi cititori, din interviul de mai jos.

"Fosta Securitate a încercat prin toate mijloacele posibile să-mi şteargă urma, să mă denigreze... "

- Stimată Luminiţa Dobrescu, să dăm puţin timpul înapoi şi să ne oprim la momentul 1969, ediţia a doua a Cerbului de Aur. Ce a însemnat pentru dumneavoastră acest moment şi spuneţi-mi, vă rog, dacă v-aţi aşteptat să câştigaţi acest prestigios trofeu? Vorbiţi-mi şi despre perioada din anii 1968-1970, perioada de glorie a Luminiţei Dobrescu.

- Dacă această întrebare îmi era adresată atunci, în 1969, cu siguranţă răspunsul ar fi fost, poate, mult mai complex, mai plin de sensibilitatea creată de însuşi momentul festivalului. Oricum, şi acum, vă pot răspunde valabil, în sensul unei situaţii, care a rămas bine fixată în conştient cât şi în subconştient şi care, deseori, mă face să retrăiesc acele momente, ca şi când ar fi fost ieri, dar asta nu pentru că timpul s-a comprimat, ci pentru că întrebările legate de această mare cotitură a vieţii mele se repetă într-o formă mai mult sau mai puţin diferită. Da, 1969 a fost prin excelenţă anul vieţii mele. Asta nu înseamnă că nu au mai existat şi alţi ani care au contribuit la alte schimbări radicale din viața mea. Dar, anul 1969 a fost, profesional vorbind, anul care m-a făcut să intru în istoria Festivalului "Cerbul de Aur" și în istoria Televiziunii Române. Mă întreb de nenumărate ori, de ce mi se pune tot timpul întrebarea: "Te-ai așteptat să câștigi prestigiosul trofeu?"... Cum pe mine mă caracterizează modestia, într-un interviu dat cu ani în urmă, am afirmat: "că nu mă așteptam să câștig Cerbul de Aur." Acum, aș vrea să corectez această afirmatie! O corectez pentru că o consider depășită și vreau să o rectific: "Bineînțeles că fiecare concurent se aștepta să fie clasat cât se poate de bine – este și firesc – de aceea eram într-o competiție și nu într-un spectacol de varietăți!" Da, aveam încredere în mine, în posibilitatile mele vocale, în șarmul și dezinvoltura cu care m-a înzestrat bunul Dumnezeu și care, de data aceasta a făcut să mă simt pe scenă, în cele 3 minute "sacre"- cea mai bună! Poate de aceea, juriul a fost atât de ferm în decizia luată în cele două tururi de scrutin și m-a onorat cu Marele Trofeu. În plus, astăzi, după 43 de ani, văzând pentru prima dată prestația mea de la Cerb în cadrul emisiunii "Confesiuni", mi-am dat seama că, ceea ce făcusem eu atunci, era atât de convingător, din toate punctele de vedere, încât juriul nici nu putea decide altfel. Veți spune... dar modestia unde a rămas? Ei bine, de data aceasta, am renunțat la ea și voi afirma deschis că: "Juriul a deliberat corect!" Există un jurnalist din Brașov care a scris în 1970 o carte despre Festivalul "Cerbul de Aur", despre interpreți, despre culisele "Cerbului de Aur"... o carte cu impresii și interviuri care constituie un document de necontestat al acelei vremi și care recunoaște calitatea apariției mele și decizia juriului, fapt care mă face să fiu liniștită și mulțumită și să nu-mi mai pese de intrigile voite și zvonurile care puneau sub semnul întrebării decizia unui juriu atât de complex, al cărui preşedinte era Directorul Televiziunii Olandeze, Dick van Bomell. Acesta este un capitol obscur al ediţiei din 1969...

Întrucât îmi permisesem să părăsesc ţara şi să nu mă mai întorc, fosta Securitate a încercat prin toate mijloacele posibile să-mi şteargă urma, să mă denigreze. Au mers pâna-ntr-atât de departe, încât au îndepărtat din Arhiva TVR recitalul meu din 1970, de la "Cerbul de Aur", alături de Josephine Baker, în acest fel ştergând o urmă a unei prestaţii excelente, din care nu a mai rămas decât banda sonoră, păstrată şi conservată de către Titus Andrei, de la Radio România. De ce? Pentru că generaţia nouă să nu mă mai poată evalua la justa mea valoare, iar eu să nu mai ocup segmentul care nu poate fi contestat.

Cei care vor citi aceste rânduri şi care nu cunosc exact datele acelei perioade, vor afla de la mine cum stau lucrurile cu adevarat! Trebuie să înţelegeţi că, atunci, prin plecarea mea, apoi a Mihaelei Mihai şi mai tarziu şi a Margaretei Pâslaru, s-au creat nişte "locuri vacante", pe care câteva dintre "colegele noastre" le-au acaparat. Concurenţa plecase... Acestea puteau să beneficieze din plin de atenţia publicului vitregit de trei mari nume şi de muzica lor. Aceasta a fost mişcarea de şah a vremii, dar, spre marea lor surpriză, noi ne-am întors, muzica noastră a revenit şi exista. Deci, istoria şi timpul decid care sunt adevăraţii învingători! după ce am avut ocazia să-mi vizionez şi dosarele de la CNSAS, am înţeles cu atât mai mult, cum am fost manipulată, cum am fost "cântată" de către unii "buni" colegi de breaslă, care mă vizitau în Berlin şi care, ulterior, informau serviciile secrete. Au existat şi alţi colegi care se interesau de mine, chiar intenţionau să vina să mă vizitze la Berlin, dar nu pentru că le era dor de mine, ci pentru că trebuiau să informeze în legatura cu tot ce se întampla cu mine !

"Securitatea acelor vremuri și mariajul meu nefericit, m-au făcut să părăsesc țara..."

- Ce a urmat după 1970, anul când ați părăsit România? De ce ați ales această cale? Erați un nume mare în România acelor timpuri. Totuși, ați ales să plecați peste hotare și să vă stabiliți dincolo de spațiul mioritic... Unde ați plecat?

- Am ales această cale pentru că așa mi-a fost scris să o aleg. Noi nu influențăm decât, minimal, soarta; în opinia mea, totul este programat și-și urmează drumul. Eu am părăsit definitiv țara în anul 1970, după apariția din recitalul de la "Cerbul de Aur". Au urmat câteva turnee în străinătate, Festivalul de Muzică Ușoară de la Sopot, unde câștigasem din nou Marele Trofeu, dar pe care nu l-am mai putut aduce în țară din cauza plecării mele imediate spre Berlinul Occidental, altfel îmi expira viza și biletul de avion.

Dirijorul Gelu Solomonescu, care venise să mă însoțească, a rămas perplex văzând că renunț la un trofeu atât de apreciat în Europa acelei vremi. A fost o atitudine împotriva voinței mele, dar nu aveam de ales! Da, eram un mare nume în România și totuși am preferat "exilul". Tocmai pentru că mă respect și-mi respect principiile, nelăsându-mă coruptă de nimeni, indiferent de ce și pentru ce. Așa sunt eu și așa voi rămâne, indiferent ce s-ar întâmpla! Nu pot spune decât că, Securitatea acelor vremuri și mariajul meu nefericit, m-au făcut să iau această hotărare.

"Nu există nimic mai jalnic decât să baţi apa în piuă, să faci toată viaţa acelaşi lucru... "

- Care a fost, pe scurt, cursul vieţii dumneavoastră în exil, de când aţi plecat şi până în decembrie 1989. Sunt mulţi iubitori ai muzicii dumneavoastră, care nu cunosc traseul pe care l-aţi ales după 1970 şi, ca şi mine, suntem curioşi să-l aflăm.

- Cursul vieţii mele între 1970-1989 nu se poate explica în două rânduri, este mult prea complexă această perioadă, că să fie stenografiată. La Berlin, prin intermediul unei bune cunoştinţe, o mare personalitate a scenei germane, fiica marelui compozitor de operetă, Eduard Kunneke (*Îndrăgostiţii de pe lună*), am fost prezentată celei mai mari case de discuri, după care mi s-a oferit un contract exclusiv. Am început să înregistrez discuri, să fac turnee, spectacole, să am marea onoare de-a cânta sub bagheta marelui dirijor, interpret şi Big Band Leader, Paul Kuhn. Au urmat şi doua seriale de TV, unde am jucat rolul principal. În paralel, am început să-mi reactivez vechea mea pasiune pentru pictura pe sticlă, pe hârtie japoneză. Am avut nenumărate expoziţii, printre care şi una special organizată în memoria victimelor marelui cutremur din 1977, banii din vânzări fiind transmişi prin Ambasada României, sinistraţilor.

A urmat şi un alt, la început hobby, şi anume colecţionarea de artă veche, de bijuterii vechi, hobby care s-a transformat, cu timpul, într-o doua meserie a mea, pe care o profesez şi în momentul de faţă. Viaţa mea a fost presărată de perioade de activitate diferite, asta pentru că "Gemenii" (Luminiţa este născută pe 5 iunie, în zodia Gemenii, n.a.) au nevoie de reînoire continuă. Nu există nimic mai jalnic decât să baţi apa în piuă, să faci toată viața același lucru, ceva de neconceput pentru mine! Schimbarea face parte din viață, tot ce ne înconjoară are nevoie de schimbare, de reînoire, universul la fel. Tot! A urmat o perioadă foarte interesantă, între anii 1995-1999, când am fost Consul Onorific al României, în două Landuri din Germania – Brandemburg și Sachsen-Anhalt. Acest lucru mi-a adus foarte mari satisfacții, astfel putând să contribui la schimburile culturale și economice dintre cele doua Landuri și România. În tot acest timp nu am renunțat la "marea mea dragoste", MUZICA, ba chiar am reușit foarte bine să împletesc toate aceste activități, astfel încât să nu mă plictisesc și să am satisfacții multiple și diverse.

- Ați încercat să reveniți după 1989 și să vă relansați cariera muzicală? Ați primit ceva propuneri din partea celor care organizau "Cerbul de Aur" sau invitații pe posturile de televiziune și radio?

- Am venit, pentru prima dată, în țară, în 1988, pentru două zile, iar după 1989 am fost deseori prezentă, dar motivul principal a fost acelea de a-mi revedea familia și prietenii. Mi s-a propus de două ori să particip, ca invitat la Festivalul "Cerbul de Aur", dar condițiile erau inacceptabile și ca atare am renunțat Nu mă interesa să fiu numai o prezență care să producă senzație... Apoi am avut solicitări pentru diverse emisiuni TV, interviuri, etc... De abia, în 2008, am fost solicitată de către TVR, să particip la Gala Aniversării a 40 de ani de la înființarea Festivalului "Cerbul de Aur"; au urmat și alte emisiuni interesante la diverse posturi TV. De curând am produs un CD, un dublu album, în cooperare cu Fundația Radio România. Acesta are drept scop readucerea în memorie a cântăreței Luminița Dobrescu, a pieselor ei îndrăgite și de a readuce în peisajul muzicii uşoare româneşti a acelui segment muzical care lipseşte de atâta amar de vreme; repertoriul este bine chibzuit, iar calitatea înregis-trărilor este excelentă şi cred că va plăcea publicului românesc, care, sper, că nu m-a uitat încă.

- Ştiu că acum locuiţi de o perioadă în Italia. Cum vi se pare comunitatea românească din Italia ?

- Nu pot vorbi de o comunitate română pentru că nu sunt confruntată direct cu ea. Eu acum trăiesc într-o zonă cu prezenţe româneşti destul de sporadice. Cunosc câţiva români de mare valoare, printre care o jurnalistă din Milano, care a scris de curând o carte foarte interesantă despre românii de valoare din zona de nord a Italiei. Este vorba de Violeta Popescu care a înfiinţat şi un Centru Cultural Româno-Italian, cât şi o bibliotecă românească.

- Aveţi regrete că aţi părăsit România?

- Regrete? În niciun caz! Ar însemna că tot ce am făcut până acum să nu-mi fi dat nicio satisfacţie şi să mă trimită în timp cu gandul şi cu sufletul la ce-am lăsat în urma... Sunt perfect împăcată de cursul vieţii mele, de ceea ce am obţinut în viaţă şi, sincer cred, că mai mult nu se putea!

"Lucrez în prezent la o carte autobiografică... "

- Cu ce vă ocupaţi în prezent? A devenit arta ceva mai mult decât un hobby? Mai cântaţi?

- În prezent, ca şi în trecut, cânt şi mă ocup, în paralel, şi de artă. Colecţionez artă bună, colaborez cu muzee mari din Europa şi SUA. În plus, lucrez la o carte autobiografică, la un document care să ateste adevărul despre viaţa Luminiţei Dobrescu, persoană publică şi persoană privată. Am avut cinstea de a mă bucura de un film documentar de 50 minute produs de Mariana Badan de la TVR, care va descrie drumul vieţii mele. Filmul chiar aşa se numeşte: "Drumul unui Cerb de Aur"!

"Generaţiilor noi de interpreţi trebuie să li se dea posibilitatea de afirmare."

- Ce părere aveţi de muzica românească din prezent? Mulţi dintre artiştii din generaţia de dinainte de 89 sunt traşi pe linie moartă şi cu greu se mai fac auzite vocile lor, la TV sau la radio... Foarte greu reuşesc să mai imprime un CD. De ce credeţi că se întâmplă acest fenomen?

- Mi se pare, pe undeva, şi firesc, timpul nu poate fi oprit în loc. Generaţiilor noi de interpreţi trebuie să li se dea posibilitatea de afirmare, ca atare noi, cei mai în vârstă, trebuie să începem să renunţăm a mai fi toata ziua prezenţi pe posturile TV... Acum este rândul celor mai tineri! Cât priveşte producţiile de CD-uri, aceasta este o afacere pentru industria de specialitate şi, cu toate că în România nu se poate vorbi de o adevărată industrie a producţiei de CD-uri, totuşi, casele de discuri, deseori, nu pot apela la aceleaşi nume care au deja o carieră în spate, documentată; acestea au nevoie de nume noi, de un stil de muzică nouă.

În afară de acesta, publicul tânăr nu poate înţelege întotdeauna muzica noastră, cum nici nouă nu ne place în mod deosebit, muzica de ultimă oră! Aşadar, nu este vorba de o problemă subiectivă, ci de una pur obiectivă. Oricum, în România, mulţi interpreţi din vechea generaţie, şi nu numai, aleg să cânte la nunți, ceea ce, în opinia mea, face să le scadă nivelul... Este trist dar adevărat!

- Care credeți că este diferența dintre muzica anilor '70 –'80 și muzica de după anii '90?

- Ambele perioade au muzică bună și muzică mai puțin bună. Nu pot spune că o perioadă este mai bună decât alta, totul depinde de gust...

- În final, stimată doamnă, va rog un mesaj, un gând bun pentru cei care încă vă mai iubesc și care mai ascultă muzica d-voastră...

- Dragii mei cititori de pretutindeni, rămâneți fideli muzicii care vă reprezintă și care vă alină sufletul. Nu încercați să mergeți în pas cu timpul sau cu diversele curente care nu v-ar aduce nicio satisfacție. Eu, personal, am un mare respect față de public, față de voi, fie el public cititor sau iubitor de muzica, tocmai pentru faptul că, fără acest public, fără votul lui, muzica și creațiile noastre nu și-ar găsi menirea. De aceea, mă înclin în fața voastră și vă mulțumesc pentru tot ce ați făcut pentru mine, sau pentru ce veți face pentru mine pe viitor!

Dacă-mi permiți, în afară de gândul meu bun pentru cei care mă iubesc și mă apreciază, dar și pentru cei care citesc aceste rânduri, aș vrea să închei cu una dintre poeziile mele preferate care, sper, să ajungă la sufletele lor...

SCUMPA MEA

Poezie dedicată aceleia care mi-a dat viață, dar care m-a părăsit pentru eternitate.

Pe când mă uitam la stele
Să-nțeleg ce ascund în ele
Te-am văzut, acolo, sus...
În al soarelui Apus.
Tu erai, măicuța mea
Luai chiar apă din cișmea... scumpa mea !
Dac-ai ști că nu e zi
De la bunul Dumnezeu
Să nu caut chipul tău
Printre stele călătoare, în a cerului chemare,
Să nu-ți simt iubitrea ta, vorba ta, scumpa mea!
Oare Tu, acolo, sus,
În al soarelui Apus,
Ne-ai uitat pe noi, cei care,
Am rămas cu atâta jale
Că nu mai simțim nici timpul
Cel amar ca și absintul
Ce se-așterne ca o brumă
Peste ce-ai lăsat în urmă
Nu știu să răstălmăcesc semnalul
Ce mi-l dai din lumea ta
Nu știu dacă vreodată – mi vei mai spune
FATA MEA !
Tot ce-a mai rămas din tine
Contopindu-se cu timpul
Este flacără eternă
Călătoare-n anotimpuri!

Natalia Guberna

Înainte primeai invitație să participi la emisiuni, acum te duci tu și te agiți să te cheme... - Natalia Guberna

Natalia Guberna, Natty, cum o alintă prietenii, pot spune că este o artistă care are o „dublă personalitate" – muzica și actoria – pe care le îmbină cu plăcere și cu pasiune. Natty, a fost și a rămas o femeie frumoasă și se pare că a reușit să oprească puțin timpul în loc, nepermițându-i acestuia să-și lase amprenta nemiloasă a trecerii anilor... Pentru cei care o cunosc mai puțin, Natalia a început să cânte încă din liceu și, în anul 1977, și-a făcut debutul muzical cu piesa „Am numai 16 ani", de Cornel Fugaru, după care a avut o carieră și în teatru, a colaborat cu Teatrul „C. Tanase" (1980-1982), apoi cu Teatrul de Stat din Arad și Teatrul din Pitești. În anul 1998, a scos și unicul ei album, pâna acum cel puțin, „O iubire mi-a bătut la geam"(Electrecord 1998). Deși piesa sa – "O iubire mi-a bătut în geam"- a dat titlul albumului ei, din păcate se pare că bătaia în geam nu a fost recepționată... și încă se mai lasă așteptată... cel puțin la nivel de statut al stării civile, unde scrie – necăsătorită. În prezent, Natalia este actriță la Teatrul pentru Copii, Excelsior, din Capitală și continuă să adune și să înregistreze piese în vederea scoaterii unui nou album.

- Nu am mai auzit prea multe despre Natalia Guberna după 1989. Ce mai face Natalia, mai cântă?

- Am cântat, cânt și voi cânta. Chiar dacă aparițiile TV sunt rare, de curând am înregistrat un cântec nou, scris de Mihai Constantinescu "Te chem, te aştept". Este postat şi pe *www.trilulilu.ro.*

- Ştiu că eşti şi actriţă la Teatrul Excelsior. Cum se împacă muzica cu teatrul?

- Se împletesc foarte bine pentru că şi în muzică, cuvintele trebuie interpretate. Interpretarea cântecului este asemeni recitării unei poezii sau interpretării unui rol, de aceea se împleteşte actoria cu muzica.

- Melodia "Mi-a bătut iubirea în geam" este cea mai cunoscută melodie din repertoriul tău muzical, în opinia mea. Cum se face că, deşi iubirea ţi-a bătut în geam, nu s-a materializat şi printr-o schimbare a statutul tău civil şi eşti încă necăsătorită?

- Iubirea "bate" la "geamul" fiecăruia dintre noi, însă mie mi-ar plăcea să-mi bată la uşă, să poată intra "întreagă", vezi vorbesc numai în metafore... însă spun un adevăr, dar este posibil ca "geamul" fiind mai gros să nu fi auzit "bătaia"...

- Ai fost şi eşti o femeie frumoasă. Ai pe cineva în viaţa ta şi, dacă da, ai de gând să faci pasul către schimbarea statului de "single"?

- Mulţumesc. Da, am pe cineva alături, nu pot spune ce va fi, timpul le va aşeza pe toate la locul lor. Pot spune că sunt fericită alături de prietenul meu, care este avocat, un alt mediu şi îmi doresc să fie bine.

- Ce pasiuni ai în afară de teatru şi muzică?

- Lectura, excursii la munte, iubesc foarte mult muntele şi... gătitul. Îmi plac cărţile, îmi place să citesc beletristică, astrologie și psihologie. Acestea îți dau răspunsuri la întrebările pe care ți le pui. De asemenea, eu cred în zodii și în destin. Îmi place tot ceea ce este ieșit din comun. Îmi plac și cărțile de călătorie.

- Cum ți se pare muzica generației de după 1989 și în special de după anul 2000? Crezi că muzica de după 1989 este o muzică mai bună decât ceea ce s-a cântat pe timpul generației tale?

- Muzica se face așa cum este simțită de fiecare generație. Pentru ei, probabil, muzica lor este cea mai bună, pentru noi, generația mea, muzica lor este de neînțeles... eu însă, pe unii îi înțeleg și chiar apreciez efortul lor.

- De ce mulți dintre artiștii buni care umpleau sălile înainte de 1989, acum sunt uitați undeva la naftalina și rar se mai aude de câte unul?

- Părerea mea este că, probabil, nici ei nu vor să mai fie în centrul atenției... Înainte erau invitați, acum însă invitațiile au cam dispărut... Tu trebuie să te duci peste tot și să te agiți, evenimente, lansări, asta ca să fii văzut că încă mai trăiești. Mulți dintre artiștii noștri se retrag pentru că, probabil, gândesc că nu pot face față noului val, ceea ce este total greșit, sunt generații care au crescut cu muzica lor și care vor să-i vadă și să-i audă cu aceleași cântece.

- Ce planuri de viitor ai? Știu că ai scos un singur album muzical, dacă nu greșesc... Ai de gând să scoți cumva un „Best Of"?

- Da, m-am gândit numai că nu am finalizat toate piesele și încă mai lucrez. Mai trebuie să mai strâng câteva cântece și când voi avea totul gata, voi căuta o casă de producție care să-mi scoată un „Best of".

- Ce o face fericită pe Natalia Guberna?

- Pentru mine, fericirea este făcută din lucrurile simple... îmi plac oamenii (nu chiar toți), îmi place să admir natura și să mă bucur de frumusețile naturii: de munte, de mare, de soare, de pomi, de aer și de fiecare zi.

- Natty, mi-a părut bine să mai aflu câte ceva despre tine și îți doresc succese și multă baftă în continuare.

- Multumesc, Viorel și mă bucur că mă aflu printre prietenii tăi! O viață liniștită, sau mai bine spus, o viață cu multe împliniri și emisiuni bune îți doresc.

Tudor Petruț

Mă prezint ca român oriunde am ocazia. Mă mândresc că sunt român de fiecare dată - Tudor Petruț

Vă spune ceva numele Tudor Petruț? Câteva puncte de reper în caz că memoria vă joacă feste: el este nepotul faimosului actor Emanoil Petruț, alături de care a evoluat într-un rol secundar în filmul „Femeia din Ursa Mare", în anul 1982. Tot el, Tudor Petruț, a dat lovitura pe piața cinematografiei românești cu rolul lui Șerban, în filmul „Liceenii", alături de Ștefan Bănică Jr și Oana Sârbu, un film care a făcut furori la vremea respectiva și continuă, chiar și în ziua de azi, să atragă noi fani din rândul noii generații.

Tudor Petruț, deși nu a cucerit Hollywood-ul, și-a găsit totuși consolarea, în brațele lui „Peggy", o recepționistă *funny*, care încearcă, într-un stil total aparte, să rezolve problemele unor clienți într-o instituție financiară. Din păcate însă, încercările lui „Peggy" creează o frustrare și mai mare în rândul clienților, frustrare care atrage râsete pe bandă rulantă în rândul telespectatorilor.

„Peggy" este rolul în care Tudor Petruț apare într-o reclamă de mare succes, care este difuzată pe posturile principale TV din SUA, o reclamă pentru compania de credit card Discover. Asta, în paralel cu rolul pe care îl joacă în real life, acela de profesor, la un liceu din Los Angeles unde predă Algebra. După 25 de ani de la rolul său în "Liceenii", se pare că materia predată de profesoara de matematică, Isoscel (Tamara Buciuceanu), i-a rămas bine întipărită în minte şi, iată, peste ani, Tudor Petruţ devine un "Isoscel" el însuşi, un "Isoscel" *made în USA!*

Acum câteva zile am avut plăcerea să stau de vorba cu vecinul meu de Stat (California), Tudor Petruţ, care sălăşluieşte de peste 20 de ani în Los Angeles. Iată ce a urmat în urma discuţiei mele prieteneşti cu simpaticul „Peggy", pardon, Tudor Petruţ...

"În primii ani am învăţat multe, şi nu numai despre America. A fost ca şi cum am mai absolvit o facultate"

- Dă-mi voie să fac un salt în timp şi să mă opresc la momentul "Liceenii", anul 1987. Ce a însemnat pentru tine acest film în care ai interpretat rolul lui Şerban? Mai îi porţi ranchiună lui Mihai (Ştefan Bănică) pentru că ţi-a suflat-o (în film, bineînţeles) pe Dana (Oana Sârbu)?

- De fapt, cu Ştefan Bănică Jr am fost şi suntem ca fraţii, deci din partea mea să le ia dânsul pe toate (râde), mai ales că le şi cântă, le şi dansează... Fără ranchiună, ci cu amintiri plăcute şi împliniri profesionale, "Liceenii" ne-a lansat pe noi toţi, tineri pe-atunci, şi ne-a oferit oportunităţi. Prin film şi personajul "Şerban" am călătorit mult prin întreaga ţară, am cunoscut o mulţime de oameni, am ascultat poveştile lor. Am învăţat cum să ne păstrăm omenia şi să fim vedete cu modestie şi înţelepciune, o lecţie de viaţă care ne-a marcat.

Până şi acum, după atâţia ani, încă mai cunosc români stabiliţi în California care vorbesc cu drag despre filmul adolescenţei lor. Cum i-a marcat pozitiv, cum le-a dat un pic de speranţă că încă este loc pentru dragoste și tinerețe zvăpăiată în România anilor optzeci. Pentru noi, emoțiile lor, spectatorilor de atunci, ÎNSEAMNĂ totul.

- Derulăm puțin filmul vieții și ne oprim la momentul 1990. Anul în care ai luat decizia să emigrezi în SUA. De ce această hotărâre și care a fost primul tău impact cu America? Ca o paranteză îți spun, eu când am ajuns în 1995 în Miami, FL, toată lumea era așa de zâmbitoare, mai ales fetele tinere, încât eu credeam că *sex-appeal*-ul meu era cauza; realitatea însă avea să fie diferită însă... în fapt, așa salută americanii, printr-un *smile* protocolar... La tine cum a fost?

- M-am căsătorit cu o americancă și s-a născut Alexandru. Am hotărât împreună că este mai bine pentru copil să crească în SUA, mai ales în perioada de tranziție prin care trecea societatea est-europeană a vremii. Apoi s-a născut Ștefan, cimentând americanizarea mea, ca părinte responsabil. Chiar dacă am divorțat, am rămas alături de băieți. În primul rând pentru că vorbeam limba, și pentru că eram familiar cu cultură americană din cauza filmelor vizionate, impactul cu țara tuturor posibilităților a fost destul de ușor. În primii ani am învățat multe, și nu numai despre America. A fost că și cum am mai absolvit o facultate.

„Cu pași mărunți să îmi încerc din nou norocul în îmbietoarea junglă Hollywoodiană"

- Ce ai făcut după ce ai ajuns în SUA? Ai încercat lozul cel norocos pe la Hollywood să-ți urmezi cariera de actor? Care a fost primul tău job în State?

- După ce am lucrat la "Bram Stocker's Dracula" al

legendarului Francis Coppola am crezut că Hollywood este uşor de cucerit. Am montat un spectacol de teatru în Los Angeles. Am semnat cu un agent literar pentru cele câteva scenarii de film pe care le-am scris dintr-o suflare (după ce au gestat ani la rând în memorie).

Am revenit în ţară, unde ca regizor de teatru am montat două muzicaluri şi alte cinci spectacole diferite în doi ani. Până când am realizat că înainte de gloria artistică, din ce în mai îndepărtată de realitate, trebuie să supravieţuiesc în California. Am început ca suplinitor, am absolvit a doua specializare la California State University at Long Beach (alma mater a lui Steven Spielberg), de profesor de algebră, şi de un deceniu predau la un liceu local. Stabilitatea unei slujbe bine plătite, cu program flexibil, m-a ajutat un numai să mă realizez financiar, ci mi-a oferit timpul şi energia să mă ocup de cariera mea. Cu păşi mărunţi să îmi încerc din nou norocul în îmbietoarea junglă hollywoodiană.

- Ce fac cei doi copii ai tăi? Poate vreunul dintre ei te va răzbuna şi va da lovitura la Hollywood. Au înclinaţii actoriceşti?

- Alexandru a absolvit universitatea şi a început să facă primele demersuri pentru a deveni un *sports agent*, impresar pentru sportivi de performanţă, pasiunea lui. În primul rând vrea să reprezinte jucători de fotbal american, şi apoi hocheişti. Dar în timpul perioadei de asistenţă, va lucra cu actriţe, actori şi cântăreţi.

Cât despre Ştefan, după ce a terminat liceul s-a înscris la colegiu şi studiază marketing. Nici gând să aibă de-a face cu lumea filmului, deşi nu se ştie. El este foarte implicat în industria de automobile, şi un mare fan al emisiunilor "Top Gear". Ştiu că undeva în visurile lui şi-ar dori să fie moderator la varianta americană.

- Cum ţi se pare comunitatea românească din SUA? În opinia mea, românii încă sunt dominaţi de sindromul "capra vecinului" şi la nivel de solidaritate, tot în opinia mea, jucăm în ligi inferioare... încă... Tu ce părere ai?

- Viaţa comunitară românească este din ce în ce mai efervesentă, mai ales după infuzia de tineri specialişti din ultimul deceniu. În bună tradiţie însă, românii sunt împărţiţi în biserici şi bisericuţe. Mulţi dintre intelectualii români, artişti plastici, scriitori, profesori universitari, s-au impus în viaţa cultural artistică locală. Din păcate încă nu au recunoaşterea şi respectul necesar din partea conaţionalilor. Cred că asta trebuie să învăţam în primul rând, cum să ne promovăm valorile, cel puţin aici în California unde nu avem suportul pe care românii newyorkezi, de exemplu, îl au de Institutul Cultural Român. Sunt asociaţii de români care încearcă să coordoneze viaţă comunitară. Din păcate nu prea sunt milionari de origine română, şi chiar dacă sunt mulţi români realizaţi care donează, majoritatea fundaţiilor şi asociaţilor suferă de lipsă de fonduri. Ducem lipsă de filantropi.

„România este marea mea dragoste. Şi, ca în viaţă şi nu ca în film, am pierdut şansa să fiu alături veşnic de marea mea dragoste"

- Care sunt hobby-urile tale? Ce îţi place să faci în timpul liber?

- Mi-ar plăcea să am timp liber. Din cauza distanţelor, îmi petrec mult timp în maşină, ascultând comentarii politice, emisiunile mele preferate. Vizionăm câteva filme pe săptămână, ca să vedem ce se produce, ce se vinde. La televizor nu mă prea uit, decât la fotbal, înregistrez Premiere League şi Il Calcio. Merg la meciurile de hochei ale echipei locale Anaheim Ducks destul de des. Citesc ziarul în fiecare zi. Citesc câte un roman în paralel cu o carte de istorie, speculaţie sau politică. Mi-e greu să mă strâng de pe drumuri ca să scriu. Am patru scenarii neterminate şi un serial TV. Iar dacă îmi doresc ceva în timpul liber, este să joc fotbal mai des. Cu toate că îmbătrânesc, mai pot trage câte un şut la vinclu!

- Te-ai mai întoarce în România să locuieşti definitiv? şi argu-mentează-mi, te rog, răspunsul tău...

- Am realizat la un moment dat, cu tristeţe, un adevăr fundamental. După douăzeci de ani în care am trăit intens în California, am călătorit extensiv în America de Nord, am votat pro sau contra în diversele alegeri, m-am văzut la televizor pe mai toate canalele... una peste alta sunt american, localnic cum ar veni, un alt emigrant care a avut noroc pe pământul făgăduinţei. Vorbim cu toţii româneşte, scriu şi citesc şi înregistrez radio în româneşte, îmi reprezint ţara natală cu cinste şi onoare. Mă prezint ca român oriunde am ocazia. Mă mândresc ca român de fiecare dată. Dar casa mea şi soţia mea şi copiii mei şi verii mei sunt aici. Şi părinţii mei, Sanda şi George, ne vizitează cât se poate de des. România este marea mea dragoste. Şi, ca în viaţă şi nu ca în film, am pierdut şansa să fiu alături veşnic de marea mea dragoste.

„Hollywood este un animal aproape imposibil de domesticit"

- Recent, ai dat lovitura cu... Peggy. Apari pe cele mai cunoscute posturi TV în reclame pentru o importantă

companie de Credit Card, este vorba de Discover? Eu, unul, o găsesc foarte *funny* şi cred că are mare succes la public şi dovada cea mai bună este că această reclamă a fost aleasă în "Top 10 Commercials of 2010"! Cum ai obţinut acest rol?

- N-am crezut niciodată că o să ajung în reclame, şi nu m-a preocupat cariera mea actoricească. E plin şi prea-plin şi supra-plin de actori şi aspiranţi în Hollywood. Am fost curios, evident, de viaţa actoricească din cetatea filmului. Printr-un complex de împrejurări, pentru că se căutau est-europeni cu accent exotic, am fost invitat la proba de filmare. M-am hotărât să mă prezint numai ca să văd cum funcţionează sistemul. Echipa Discover Marketing de la celebra Martin Agency şi de la casa de producţie Harvest Films m-a încurajat, m-a îndrumat, şi m-a ales. Aşa s-a născut "Peggy". Mă bucur că este o campanie de succes. Am revenit pe platourile de filmare şi am învăţat foarte multe despre sistem. Despre Hollywood în general. "Peggy" este foarte popular, şi sunt fericit de fiecare dată când lumea mă opreşte oriunde aş fi pentru poze sau autograf. Reclamele au prins, şi personajul este agreat.

- **Cu ce te ocupi în prezent? Ai ceva propuneri de la Hollywood? Care este ocupaţia ta de bază?**

- Mă prezint cu bucurie în fiecare dimineaţă la liceu. Sunt fericit când elevii noştri absolvenţi îşi iau zborul în viaţă. După şcoală alerg la probe de filmare, acum că tot am această oportunitate. Am mai făcut câte un rolişor prin seriale de televiziune. Prin "Peggy" am şansa să cunosc lumea cinematografică, să încerc ceva serios. Ca orice actor, sper să prind un rol în film. Sunt unul dintre acei norocoşi pentru care porţile s-au deschis un pic. Dar sunt suficient de realist că este suficient de greu, în cetatea filmului, să susții o carieră. Așa cum am spus mereu, Hollywood este un animal aproape imposibil de domesticit. Asta este și atracția, farmecul nespus al uzinei de vise.

"Eu mă văd la televizor în America și râd sănătos"

- Ce proiecte de viitor ai?

- Pentru că sunt, totuși, regizor de meserie, încerc pe toate fronturile posibile să intru în producție cu unul din scenariile pe care le-am scris. Parcurs sinuos și plin de capcane. De fapt, toate coșmarurile mele de Hollywood sunt legate de scenarii. De film. Și totuși cel mai mult mi-e dor de scena de teatru. Din păcate, în capitala filmului, teatrul este ca o rudă săracă. Nu are impact.

- Te rog în final un mesaj pentru toți românii, dar în special pentru cei mai tineri care acum iau cunoștință cu filmul "Liceenii" și care te regăsesc în acel film de mare succes, un film care încă atrage noi fani, iată, și după 25 de ani...

- Fără spectatorii noștri de toate vârstele, iubitori și cunoscători, "Liceenii" nu ar fi fost niciodată un film de succes pentru atâta vreme. Lor trebuie să le fim recunoscători pentru realizările noastre. Iar pentru mai tinerii noștri români din toate colțurile lumii, trebuie să menționez că prin efort și cu sudoare, cu puterea de a trece peste momentele grele, cu o fărâmă de noroc, avem o șansă să ne împlinim până și cele mai imposibile vise. Indiferent de domeniu. Dacă oarecine crede că poate ajunge la televizor în America, mulți din jur zâmbesc condescendent. Eu mă vad la televizor în America și râd sănătos. Atât le doresc tuturor, să meargă înainte!

189

- **Mulțumesc mult pentru acest interviu și îți doresc multă baftă și un rol în filme alături de George Clooney, Brad Pitt sau Julia Roberts...**

- Îmi place că ai ales numai celebri actori din generația mea. Concurență grea, foarte grea! (râde)

Aura Imbarus

Aura Imbarus: Românca Nominalizată la Premiul Pulitzer

Din păcate mulți dintre ei se afirmă și sunt mai bine cunoscuți în străinătate, decât în propria lor țară.

Cu ocazia festivalului românesc de la Sacramento, unde au participat peste 2500 de românași, am avut plăcerea să mă reîntâlnesc cu o veche prietenă, Aura Imbarus, nominalizată la Premiile Pulitzer pentru cartea sa de debut „Out of the Transylvania Night".

Aura Imbarus, sibiancă la origine, a părăsit România în anul 1997, cînd Zeița Fortuna i-a zâmbit și a ajutat-o să tragă lozul cel norocos la Loteria Vizelor, ocazie cu care a poposit pe Pământul Făgăduinței în cautarea El Dorado-ului!

In România a lucrat ca jurnalistă pentru Radio Contact, Jurnalul National și Gallup Poll și are un Ph.D. în Filologie cu distincția „Cum Laude" în timp ce în USA, a absolvit UCLA și are o cariera în învățământ unde predă ca și profesor la liceu și la colegiu.

Motto-ul după care Aura Imbarus își trăiește viața este simplu și inspirațional: „Vreau să-mi trăiesc viața la maxim și să ajut și pe alții. Vreau să mă bucur de fiecare clipă din viața mea și să folosesc fiecare zi ca un nou potențial și o nouă oportunitate în viața mea". Aura nu iese niciodată din casa fără zâmbetul ei sincer și molipsitor, pe care îl afișează non-stop, un *smile* permanent care transmite o stare de optimism și iradiază fericire. După festivalul românesc de la Sacramento, am avut plăcerea să stau la o suetă prietenească cu Aura, în urma căreia a rezultat acest interviu.

- Aura, spune-mi te rog de ce ai scris această carte, care a fost motivația și de ce ai ales acest titlu care este foarte „catchy" și captează atenția publicului cititor încă de la titlul de pe copertă?

- În primul și în primul rând, cartea a fost scrisă și dedicată mamei mele care a decedat în anul 2009, din cauza unui cancer la ficat. Titlul inițial a fost „Transylvania Night", deoarece m-am născut în Transylvania, titlu căruia i s-a mai adăugat un cuvânt de către *publisherul* meu și așa s-a născut „Out of the Transylvania Night".

In carte sunt scrise experiențele mele prin care am trecut în timpul regimului comunist, experiențe care m-au deprimat foarte mult și mi-au marcat existența. După ce am câștigat loteria vizelor în 1997, am reușit să evadez din acea „noapte" a Transilvaniei, care părea să nu se mai termine... însă, acum, după 14 ani de America, mă reintorc întotdeauna cu drag în Transilvania, și mai ales în Sibiu.

- Am citit că ai fost nominalizata la premiile Pulitzer. Spune-mi te rog câte ceva despre premiile Pulitzer în general și despre nominalizarea cărții tale în special.

- Joseph Pulitzer a fost de fapt un emigrant ungur, care a venit și s-a stabilit în Columbia, NY. Columbia University face aceste nominalizari, după care tot ei aleg câștigătorii respectivi.

Inițial, premiile Pulitzer se acordau doar pentru jurnaliști, dar acum s-au extins și în literatură și compoziții muzicale; eu am fost acceptată în cursa premiului Pulitzer, dar nu am fost selectată.

- A fi acceptată în cursa pentru această prestigioasă distincție, este în opinia mea o mare realizare. Cartea ta se găsește pe rafturile celor mai prestigioase lanțuri de librării din USA, cum ar fi Borders și Barnes & Noble, dar și pe site-ul Amazon. Cei mai mulți cititori sunt din rândul americanilor sau din rândul românilor din America?

- Într-adevăr cartea se găsește în Borders, Barnes & Noble și Amazon și cred că americanii au fost mai interesați de cartea mea, datorită faptului că americanii stiu și sunt curioși de mitul Transilvania și Dracula, știu de Nadia Comaneci, de Ilie Nastase, de Hagi... apoi din gură în gură, zvonul despre cartea mea s-a transmis și românilor din USA, mai ales datorită faptului că o personalitate ca Nadia Comăneci a „endorsed" cartea mea.

- Care este relația ta cu Nadia Comăneci? Am vazut că pe coperta este acel „endorsment" în care Nadia a scris: *"Aura's courage shows the degree to which we are all willing to live lives centered on freedom, hope, and an authentic sense of self. Truly a love story! —Nadia Comaneci, Olympic Champion and Co-Founder of the Nadia Comaneci Children's Clinic în Bucharest"* (Curajul Aurei ne prezintă gradul în care suntem cu toții dispuși să ducem o viață bazată pe libertate, speranță, și un sentiment autentic de sine). Cum ai reușit să o faci pe Nadia să îți dea aceast „endorsment", care este mai mult decât un vot de confidență pentru cartea ta.

- În cartea mea sunt mai multe fragmente unde amintesc de numele Nadiei, de anul 1976 la Montreal, unde a obținut un „perfect ten". Nadia a fost idolul meu în copilarie și am încercat și eu să merg la gimnastică, dar faptul că eram prea înaltă și puțin cam în vârstă pentru gimnastică, m-a făcut să renunț și să mă orientez spre balet, dar Nadia a fost inspirația mea.

Nadia ține legatura cu Cristian Țopescu și eu o cunosc pe soția sa, care lucrează pentru TVR, la secția germană. De asemenea, Beatrice Ungar, care este cumnata lui Cristian Țopescu, este editor șef la un ziar local din Sibiu, mi-a dat și ea un „endorsment". Am luat legătura cu managerul Nadiei, și l-am rugat dacă poate să-i prezinte cartea mea, iar răspunsul Nadiei a fost foarte prompt și pozitiv și ca atare mi-a făcut această mare onoare ca numele ei să fie pe coperta cărții mele împreună cu câteva cuvinte frumoase.

- Cartea ta se pare că are un succes destul de bun în USA... ai încercat să o lansezi și în România? Ce proiecte de viitor ai?

- În România, am avut o lansare în mediul german în Sibiu, prin bunăvoința lui Beatrice Ungar, însă cartea nu a fost tradusă încă în limba română, dar sper că până la anul să se publice și în limba maternă. Vis-a-vis de scris, mai am încă un contract cu același *publisher* care mi-a publicat „Out of the Transylvania Night" și pentru că multă lume m-a rugat să scriu sau să țin seminare pe teme motivaționale, de *self-help* și *inspiration*, m-am hotărât să scriu și o carte în domeniul motivațional, despre cum ai putea să începi de la zero o viață nouă într-o țară străină, după care să te ridici și să renaști precum pasărea Phoenix, din propria cenușă.

- Cum ți se par românii din USA și ce crezi că lipsește comunității române - care în opinia mea există, dar lipsește cu desăvârșire – să fie mai unită?

- Sunt foarte mulți români în America și chiar astăzi, la festivalul românilor din Sacramento, am aflat că ar fi peste un milion de români în State; chiar în Sacramento este o comunitate destul de mare, dat fiind faptul că sunt 18 biserici românești. În primul rând cred că am putea fi mult mai uniți în sensul că am putea să ne sprijinim unii pe alții, cum fac de fapt armenii, italienii sau evreii; cred că ar fi un pas înainte dacă nu ne-am mai uita la capra vecinului și dacă am putea să ne uităm la partea pozitivă a lucrurilor și să ne ajutăm, să ne tragem unii pe alții în business-urile pe care le-am putea face împreună.

Eu cred că românii sunt foarte bine dotați din punct de vedere artistic și dacă ar avea și dorința de a se ajuta mai mult unii pe alții, atunci cred că am fi fost mult mai înaintați ca și cultură și ca popor decât suntem acum. Din păcate, cred că sunt foarte multe „bisericuțe", și aici nu fac referire la cele religioase, ci la acele grupuri care sunt dispersate și separate, în loc să fim un grup foarte unit; numai așa ne-am putea ajuta unii pe alții mult mai bine. Însă această coeziune, această unire trebuie să vină din interior. Trebuie să încetăm să mai credem că vecinul nostru este „our enemy" sau competitorul nostru. Cred că încă mai avem acea frică cu care am crescut în regimul comunist, cînd tot timpul te uitai peste umar și îți era frica că cineva te toarna la Securitate și probabil că acel comunism ne-a făcut să ne manifestăm ca atare... probabil va trece mult timp până cînd românii se vor deschide cu totul și vor dezvolta acel spirit de întrajutorare.

- Stiu că în Sibiu încă mai există o comunitate germană puternica... care este mentalitatea comunității germane și spune-mi te rog dacă este într-adevăr o comunitate unită?

- Comunitatea germană din Sibiu este foarte strânsă și chiar primarul este de origine germana... ei, de fapt, sunt foarte buni comercianți; întotdeauna au încercat să se sprijine unii pe alții și cred că românii ar putea învăța foarte mult de la comunitățile minoritare din Transilvania, cum ar fi ungurii și nemții. Am putea să copiem această matrice, să o aplicăm și în USA și să încercăm ca noi, românii, să fim cât mai uniți.

- De curând te-ai întors din România. Cum ți se pare orașul tău natal, Sibiu?

- Orașul a suferit o transformare în bine, pozitivă, sunt foarte multe business-uri are italienilor, ale germanilor, ale ungurilor, care au un impact pozitiv, ridică cultura și dau stabilitate financiară românilor. Forbes, a numit Sibiul „Europe's 8th most idyllic place to live" și în anul 2007 a fost numit Capitala Culturală Europeană. Deși am plecat din România, eu țin la rădăcinile mele cu care am crescut și cu care m-am născut și oriunde mă duc sunt mândră ca sunt roman și sunt mândră de țara unde m-am născut.

- Cu ce te ocupi în prezent și unde locuiești în California?

- Locuiesc de 14 ani în Los Angeles, dimineața predau filozofie, științe umaniste și literatură americană la un liceu, iar seara predau *creative writing și composition* la un colegiu. Începând cu ora 10 PM, până după miezul nopții, mă dedic scrisului.

- Dragă Aura, mulțumesc mult, îți doresc multă baftă și sper să ne revedem și cu ocazia altor manifestări românești organizate de comunitatea românească din USA.

- Și ție îți urez mult succes cu cartea ta "Românaș la San Francisco" pe care știu că ai publicat-o și lansat-o în România, și de asemenea multă baftă și să ne revedem cât mai curând!

Mihai Constantinescu

Pentru a reuşi să ai o carieră de success, ai nevoie de talent, har, seriozitate, multă muncă, noroc şi un repertoriu pe măsură. – Mihai Constantinescu

Mihai Constantinescu şi-a imaginat o lume idilică şi normală... „O lume minunată" în care să predomine cuvântul iubire şi în care „Să iubim şi câinii vagabonzi" şi, de ce nu, fiecare dintre noi, după buget, *of course*, să aibă şi să poată spune „Sus în deal, e-o casă"... Lumea muzicală este într-un perpetuum mobile care se schimba la inteveale neregulate şi, din păcate, mulţi artişti din generaţia de aur a anilor '70/'80 nu se mai regăsesc în noile tendinţe şi preferinţe muzicale ale timpurilor noastre.

Muzica mai non-conformistă din ziua de azi a pus într-un oarecare con de umbră generaţia de dinainte de '89 şi artiştii din această generaţie sunt din ce în ce mai rar difuzaţi de mass-media, fiind foarte rar contactaţi de casele de discuri, care i-au uitat într-un colţ virtual prăfuit. Din fericire pentru mulţi iubitori de muzică bună, muzica lor este bine conservată şi din când în când este scoasă de la naftalină de unele posturi de radio sau de unii impresari care mai organizează concerte în ţară cu aceşti ultimi „mohicani" ai muzicii uşoare tradiţionale româneşti, Mihai fiind unul dintre aceştia.

Azi, Mihai Constantinescu merge însă mai departe şi în ciuda vicisitudinilor cu care se confruntă generaţia lui, el rămâne consecvent stilului său muzical inconfundabil, pe care şi l-a creat în lunga sa carieră muzicală şi continuă să aibă spectacole în ţară, dar şi să compună noi piese pentru el şi pentru alţi artişti.

Artistul face parte dintr-o 'galerie de aur' a muzicii uşoare româneşti de calitate, care alături de Dan Spătaru, Doina Badea, Corina Chiriac, Olimpia Panciu, Margareta Pâslaru, Aurelian Andreescu, Angela Similea, Marius Ţeicu, Cornel Constantiniu, Anda Călugăreanu, Mirabela Dauer şi mulţi alţii au ţinut stindardul muzicii româneşti în anii '70/'80 şi din a cărui bogată discografie aş aminti: „Fluturele" (1970), „Un zâmbet, o floare" (1972), „Mihai Constantinescu" (1980), „Speranţă şi vis" (1982), „Hei, copilărie" (1983), „Mihai Constantinescu" (1985), „Sunt un om obişnuit" (1987), „Caut iubire" (1990), „La est şi vest de Prut (cu Anastasia Lazariuc)" (1991), „Adio tristeţe (cu Anastasia Lazariuc)" (1993), „Maria" (1994), „Anotimpurile" (1996), „O lume minunată" (1999), „Samba, samba" (2000), „Best of (4 vol.)" (2010).

L-am căutat recent pe Mihai ca să văd ce mai face şi cu ce se mai ocupă un artist din garda mai veche, care conform unui general din armata lui Napoleon, ar spune: „Garda moare, dar nu se predă!"

- Te salut cu respect Mihai... Ce mai faci şi cu ce te mai ocupi? Mai iubeşte Mihai câinii vagabonzi?

- Eu, muncesc, asta fac de când mă ştiu, compun, scriu versuri, înregistrez şi am destule spectacole pentru cei care mă iubesc. Sunt un mare iubitor de natură, de animale şi vis-a-vis de subiectul „câinii vagabonzi" să ştii, că pentru mine, toţi câinii sunt la fel, singurii noştri prieteni adevăraţi.

- Când ai debutat pe scena muzicii româneşti şi cu ce melodie? Câte discuri ai până acum şi care este melodia ta de suflet?

- Am debutat în 1971, într-o emisiune de varietăţi, cu melodiile „Anotimpuri" şi „Porumbiţa"! În acea emisiune am făcut două bisuri şi aşa a început povestea mea în lumea muzicii. De atunci şi până astăzi am scos multe albume, sincer să fiu nu le-am numărat niciodată, probabil sunt peste 20 de albume. Toate melodiile compuse de mine sunt copiii mei şi reprezintă sufletul, emoţiile şi gândurile mele. Reprezentative pentru cariera mea sunt: „O lume minunată", „Sus în deal", „Un zâmbet, o floare", „Păpuşa", „Ad-o vântule înapoi", „O dimineaţă în culori, cu parfum de tei şi flori", „Vitezomanul Gică", „Anotimpuri", „Fetiţa mea", „Câinii vagabonzi", „Maria", „Mă întoc iar în sat", etc.

- Ce ai fi vrut să realizezi în cariera ta artistică şi nu ai reuşit, dar ţi-ai fi dorit tare mult? Dar în viaţă?

- Mi-aş fi dorit mai multe concerte în mai multe ţări ale lumii şi muzica mea să fie cunoscută şi iubită la nivel internaţional, dar asta poate într-o altă viaţă, dacă mă voi naşte într-o altă ţară.

- Am o întrebare de baraj: Cum stai cu dragostea şi dacă există o persoană deosebită în viaţa ta care să te facă să spui „O lume minunată"... vorba cântecului...

- Există o persoană dragă sufletului meu, ne iubim, ne respectăm şi uite aşa trăim în lumea noastră minunată.

- Cum ţi se pare noua generaţie în comparaţie cu generaţia ta? De ce foarte mulţi din generaţia ta s-au pierdut, sau mai

bine zis au fost abandonați de casele de producție și de posturile TV și de radio? De ce în străinătate cântăreți de vârsta a doua și a treia rezistă și încă umplu sălile de spectacol cu muzica lor, pe când la noi sunt uitați undeva într-un raft prăfuit de timp?

- Noi am trăit într-o perioadă romantică, ei trăiesc o perioadă în care ritmul și sunetele sunt agresive. Sunt colegi din generația mea care au rămas și care și astăzi au ce spune în muzică ușoară românească, casele de discuri își doresc o muzică facilă, pe gustul maselor și cu profit imediat. România nu va fi niciodată America, Franța, Italia, Germania în ceea ce privește respectul vis-a-vis de valoare și de generațiile ce nu mai sunt la prima tinerețe.

- **Dacă ai fi pe o insulă pustie și dacă ai putea să iei cu tine numai 3 lucruri care ar fi acestea și de ce?**

- Un câine, o femeie și un cal. Câinele este cel mai bun prieten, femeia este lângă mine și la bine și la greu, iar calul îmi va permite să mă plimb cât de departe îmi doresc. Lucrurile se pot construi.

- **Spune-mi te rog ce pasiuni, hobby-uri sau tabieturi ai?**

- Îmi place să-mi petrec cât mai mult timp în natura alături de păduri, dealuri, munți, mare și bineînțeles alături de necuvântătoare. Călătoriile, locurile și oamenii noi îmi bucură sufletul și îmi dă o energie pozitivă.

- **Care sunt ingredientele unei cariere de succes și ce părere ai despre generația de azi de cântăreți?**

- Pentru a reuși să ai o carieră de success, ai nevoie de talent, har, seriozitate, multă muncă, noroc și un repertoriu pe măsură. Cântăreții din ziua de azi sunt cântăreții genului de muzică care se cere, iar dacă asta este modă şi publicului place, nu am nici un comentariu.

- **Ce planuri de viitor ai? Mă refer în următorii 5 ani... ce proiecte muzicale sau de teatru ai şi ce ţi-ai dori cel mai mult în viaţa ta să se întâmple?**

- În continuare. vreau să scriu muzică, să fiu sănătos, să iubesc, să fiu iubit, să mă bucur de tot ce-mi oferă viaţa şi să apară pe piaţa muzicală încă hituri semnate „Mihai Constantinescu".

- **Mulţumesc mult pentru acest interviu şi iţi doresc multă fericire şi succese atât pe plan familial cât şi profesional. Ai vreun mesaj de final pentru iubitorii de muzică în general şi pentru fanii tăi în special?**

- Mulţumesc şi eu pentru posibilitatea de a apărea în acest interviu şi-mi doresc să-i întâlnesc cât mai curând pe acei care-mi iubesc muzica.

Anca Ţurcaşiu

Anca Ţurcaşiu face parte din generaţia de "dinozauri" a muzicii româneşti, o generaţie frumoasă, care, din păcate, este aproape de extincţie. Anca însă, datorită versatilităţii sale, reuşeşte să se menţină - şi o face cu mult succes - pe prima scenă a showbiz-ului din România. Un "dinozaur" frumos, şi la figurat, dar mai ales la propriu, care jonglează precum un prestidigitator talentat, cariera muzicală, cu cea de actriţă şi cu cea de moderatoare Tv.

O femeie fericită, împlinită atât familial, cât şi profesional, şi, nu în ultimul rând, o femeie frumoasă şi o apariţie fermecătoare, care sfidează legile necruţătoare ale timpului şi refuză să devină „victima" trecerii timpului; o femeie cu o figură adolescentină, un zâmbet seducător, un trup senzual şi o voce frumoasă; o Afrodită a secolului XXI, care se ia la trântă cu timpul şi reuşeşte să îl pună la respect, în ciuda faptului că, iată, artista a trecut de 40 de ani.

Dacă Ana Aslan - fondatoarea Institutului Naţional de Geronto-logie şi Geriatrie „Ana Aslan"- ar mai fi în viaţă, ar fi folosit-o, cu siguranţă, pe Anca Ţurcaşiu ca poster-girl pentru reţeta elixirului tinereţii. Frumuseţea fizică însă, este dublată şi de o frumuseţe intelectuală, pe care Anca Ţurcaşiu o etalează în toatre întreprinderile profesionale pe care le-a încercat...

Nicio scenă artistică nu i-a rămas străină. Ea le-a încercat - şi cu succes - pe toate: scena muzicala, scena de film, scena teatrului sau scena televiziunii. Toate aceste scene au fost generoase cu Anca, și ea, la rândul ei, nu le-a înșelat așteptările, dând dovadă de o versatilitate extraordinară. Anca Țurcașiu debordează un optimism și un entuziasm molipsitor și consideră că fiecare zi din viața să este o zi frumoasă de care se bucură și pe care o trăiește la maxim. Succesul a devenit ceva firesc în viața artistei, un *modus vivendi*...

- Anca, hai să ne teleportăm puțin în timp și spațiu, în trecut... când ai debutat în muzica românească?

- Am debutat la Festivalul Amara în anul 1986, unde am luat și trofeul, după care am fost la festivalul Mamaia 1986, unde am luat o mențiune.

- Cum ți se pare muzica generației tale în comparație cu muzica din noua generație? Îți place muzică nouă? De ce crezi că mulți din generația ta, zac ca într-un depou vechi și rar mai sunt scoși de la naftalina prin sporadice apariții TV sau difuzări radio?

- Este o evoluție, este absolut firesc, în toată muzica există evoluție... nu se mai cântă ca acum 20 de ani, nu se mai folosesc aceleași instrumente, nu mai sunt aceleași ritmuri. Îmi plac anumite cântece din muzica care se cântă azi, nu îmi plac toate, dar sunt multe care îmi plac. Vis-a-vis de generația veche, care este puțin difuzată, mi se pare o întrebare retorică. Știe toată lumea răspunsul la această întrebare. Cei care au radiouri particulare nu difuzează acest gen de muzică, considerând că nu fac rating.

Televiziunea română publică nu mai face emisiuni de divertisment sau emisiuni muzicale cum se făceau acum 20 de ani; practic, redacția muzicală și de divertisment a dispărut din televiziunea română.

- Ești și cântăreață, ești și actriță, dar ai jonglat și cu televiziunea pe post de moderatoare. Care este dragostea ta cea mai mare? Muzică, teatrul sau televiziunea?

- Scena, scena, teatrul! Cel mai bine mă regăsesc pe scenă, iubesc teatrul, iubesc publicul și cred că teatrul este modalitatea prin care emoțiile și sentimentele se transmit cel mai bine către public. Iar aplauzele *live* sunt barometrul perfect al succesului. Eu însă, mă consider și un *entertainer*.

- Unde o pot vedea fanii pe Anca Țurcașiu? Apariții TV, radio sau spectacole? În ce piese de teatru joci?

- Spectacole și apariții TV, ca și cântăreață, sunt mai puține. Cânt cu trupă lui Petre Geambașu de 7 ani de zile, dar numai la evenimente private. De asemenea, pe perioada verii sunt *entertainer* de vreo 12 ani, la Hotel Majestic, în Mamaia. În prezent, am trei spectacole... un musical, gen Broadway, care se numește „Rebecca". Este un musical care are la bază romanul omonim scris de Daphne du Maurie, pe muzica lui Sylvester Levay, care a scris multe piese pentru Broadway și care au luat multe premii Grammy. Piesa se joacă la Teatrul Național de Operetă din București. Tot la Teatrul Național de Operetă, mai joc într-un spectacol de teatru-dans în piesa „Maria de Buenos Aires", pe muzică lui Astor Piazzolla, unde am rolul principal. La Teatrul Mic joc într-o comedie regizată de Radu Gheorghe care se numește „Interpretul".

- Ai jucat într-un serial, gen sitcom, care a avut un mare succes, și aici mă refer la serialul „La bloc". Cum ți s-a părut experiența TV în serialul „La Bloc"? Ai mai repeta acest gen de rol?

- A fost o experiență formidabilă pe care aș repeta-o oricând. Este o perioadă din viață mea de care îmi aduc aminte cu foarte mare drag, pentru că realmente este ceva care îmi place să fac foarte mult și unde mă simt foarte confortabil. Iubesc aceste roluri gen sitcom.

- Garabet Ibrăilenu spunea că: „Timpul nu trece. Timpul nu trece niciodată; noi trecem prin timp". Tu, se pare, că refuzi să treci prin timp, și parcă l-ai oprit puțin în loc. Dovada: faptul că arăți foarte bine, chiar dacă ai schimbat recent prefixul. Te rog să ne împărtășești rețeta acestui elixir al tinereții, pe care se pare că tu l-ai descoperit.

- Mulțumesc, este un compliment frumos. Nu știu ce să spun... cred că iubesc viața, mă iubesc și pe mine foarte mult, mă bucur de fiecare zi pe care o trăiesc pe pământ și sunt un om foarte pozitiv. Eu sunt ovo-lacto-vegetariană, un mod de viață pe care l-am adoptat acum vreo 20 de ani.

Pentru a mă menține într-o formă fizică bună, mă refer în mod special la greutate, tot ceea ce fac este să fiu atentă la ce, cât și cum mănânc. Așadar, am eliminat de atunci din alimentație carnea, (o vreme chiar și peștele), îmi fac analize complete o data pe an, (care de obicei ies foarte bine) și mă simt excelent. Mănânc puțin, des, alimente care să conțină cât mai puține grăsimi și beau multă apa. Fac și puțin sport, dar nu ceva așa extraordinar. Oricum, eu cred că și fericirea, ca stare de spirit, poate avea un efect pozitiv asupra aspectului fizic. O stare de fericire interioară, iradiază și afectează pozitiv aspectul exterior.

- Știu că ai un băiețel, este adolescent deja... câți ani are? Are înclinații artistice?

- Are 12 ani. Are talent muzical și actoricesc... a făcut și pian, dar nu știu încă dacă va merge pe drumul acesta. După cum îl văd eu, prin felul lui de a fi, poate să fie un arhitect sau un designer foarte bun. Timpul însă va decide...

- Care este cea mai mare realizare a ta pe plan profesional?

- Profesional, realizări sunt toate... fiecare rol pe care l-am jucat, fiecare spectacol și întâlnire cu publicul este o realizare... nu cred că le pot contoriza în dimensiuni și greutăți. Cel mai mare succes în carieră mea artistică, cred că a fost rolul principal în musical-ul Chicago, la Teatrul Național din București. Pentru mine realizări sunt.... bucuria spectatorilor de la finalul spectacolelor. Am un sentiment extraordinar când la final de spectacole după ce se aprinde lumina, lumea este în extaz și ne aplaudă în picioare. Este un sentiment extraordinar și de multe ori parcă simt cum publicul ar vrea să urce pe scenă și să ne îmbrățișeze. Pentru mine aceste momente sunt niște realizări extraordinare.

- Te văd o femeie fericită. Care sunt ingredientele unei familii fericite?

- Sunt o femeie foarte fericita! Cred că în primul rând răbdarea este foarte importantă într-o relație.

Apoi trebuie să existe comunicare și înțelegere și să accepți persoana de lângă tine și cu bune și cu mai puțin bune. Să nu judeci, să nu critici, nu ai dreptul să judeci și să critici pe nimeni. De asemenea, contează să știi să treci peste momentele grele care apar în viață... dar, ideal ar fi, să nu ajungi să creezi astfel de momente dificile.

- Știu că soțul tău este cetățean american. Bănuiesc că ai fost

în America... cum ţi se pare America şi dacă te-ai gândit vreodată să vă stabiliţi acolo.

- Îmi place foarte mult America. Cel mai bine de pe pământul ăsta mă simt în Times Square, în New York City. Am văzut foarte multe părţi din America. Am colindat prin sute de locuri în America şi cred că am petrecut aproape doi ani din viaţă în America, dacă ar fi să adun zilele şi lunile petrecute în total acolo. Iubesc America şi dacă ar fi vreodată să mă mut în acolo, deşi nu cred că aş putea să fac lucrul acesta, dar dacă m-aş muta, cred că mi-ar plăcea să locuiesc în California, în oraşul San Diego. Clima caldă şi oceanul sunt motivele principale pentru care aş alege acest oraş, deşi, după cum ţi-am mai spus, mă regăsesc şi mă simt foarte bine în New York City. Însă, cred ca acest pas, probabil, nu îl voi face niciodată...

- Ce hobby-uri şi ce proiecte de viitor ai?

- Designul interior, asta îmi place foarte mult... Mi-aş fi dorit să fac Facultatea de Design, dar am rămas însărcinată cu fiul meu şi am renunţat la acest plan. Pe plan muzical mi-aş dori să scot un CD, o combinaţie pop cu muzică de folclor... cântece cunos-cute vechi româneşti, pe care să le reactualizez orchestral. În plan actoricesc, nu pot să-ţi dau un răspuns concret... totul depinde de proiectele care apar şi de câştigurile la care mă duc.

- Care este reţeta unei cariere de succes şi ce sfaturi ai da celor care acum se apucă de cântat?

- Nu ştiu în ziua de azi care mai este reţeta. Astăzi poate oricine să cânte şi cu ajutorul computerului se poate crea o voce perfectă şi fără să ai o voce bună... probabil reţeta zilei de azi este să ai bani. Pentru că oricine are bani poate să ajungă să cânte, să-și facă un videoclip, să plătească să-l difuzeze de o mie de ori pe zi... rețeta din ziua de azi este complet diferită de rețeta de acum 20 de ani.

Cât privesc sfaturile, chiar nu pot da sfaturi... repet, lumea s-a întors, este o lume complet diferită față de lumea care a fost pe vremea noastră când erau lucrurile „normale"... atunci nouă nu ne trebuia bani ca să ne afirmăm. Dacă aveam talent, voce, aptitudini și munceam mult, atunci succesul venea de la sine.

- Un mesaj de final pentru iubitorii de muzică și de teatru...

- Pe cei care vin în România pe parcursul verii, îi aștept în fiecare seară la hotelul Majestic, din Mamaia, pentru o seară de neuitat, iar din toamnă, la spectacolele mele, despre care pot afla mai multe detalii de pe site-ul meu *www.ancaturcasiu.ro.* Vă aștept pe toți cu mare drag.

209

Cuprins

Cuvânt înainte..3

MADE IN USA...5
Zborul către America 5
My first day în SUA 12
La pas pe Golden Gate Bridge.....................................17
Sagging – moda adolescenților din State 23
Only in America 28
Romanian Army vs. US Army.......................................32
Fotbalul american...37
Cu mașina... în magazin 40
My First Date with... Lady Pot! 43
Santa's comeback... după 20 de ani revine..............46
De-a v-ați ascunselea 49

REFLECȚII 52
Bara de bătut covoare... 52
Bătrânețea – verdictul vieții 55
Dragostea...58
Singurătatea - o gară veche...61
Am fost odată inocenți 64
Invidia 67
Retrosexualul – the real man? 69
Fericirea – o destinație? 75
Prietenul adevărat o orhidee pentru suflet..............78
Plâng, deci exist 82

OPINII 85

  Eu, cu cine mai votez? 85

  Miorița 89

  Proxenetism politic – *made in Romania* 91

  15 noiembrie 1987 95

  Un drog numit Facebook 101

  Despre limba română vorbită pe *Messenger* 104

  Liviu Corneliu Babeş: eroul-martir

  care în anul 1989 a ars în numele libertății 107

  Ruşinea de a fi Român 111

INTERVIURI 117

  Gheorghe Gheorghiu 117

  Maria Nagy 122

  Ileana Şipoteanu 128

  Gabriel Dorobanțu 136

  Dumitru-Dorin Prunariu 142

  Carmen Harra 152

  Adrian Enache 160

  Luminița Dobrescu 167

  Natalia Guberna 178

  Tudor Petruț 182

  Aura Imbarus 191

  Mihai Constantinescu 198

  Anca Țurcaşiu 203

Cuprins 210

Reflection Publishing, P.O.Box 2182, Citrus Heights, California 95621
Website: www.reflectionbooks.com, Email: info@reflectionbooks.com

De același autor:

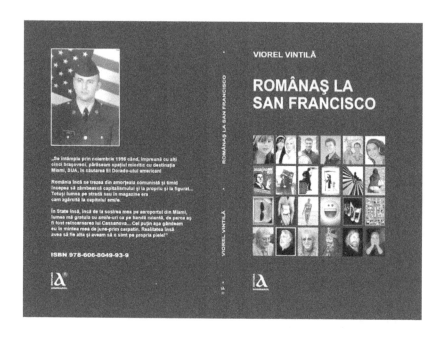

Românaș la San Francisco
Autor: Viorel Vintilă

București : Editura Anamarol, 2011

ISBN 978-606-8049-93-9

Printed in the USA
CPSIA information can be obtained
at www.ICGtesting.com
LVHW022252200724
786079LV00009B/427